מחושך לשלטון: 40 יום להשתחרר מאחיזתו הנסתרת של החושך

טקס התעוררות עולמי של מודעות, גאולה וכוח

ליחידים, משפחות ועמים המוכנים להיות חופשיים

עַל יְדֵי

זכריאס גודסגל ; השגריר מאנדיי או. אוגבה וקומפורט לאדי אוגבה

Zacharias Godseagle; Ambassador Monday O. Ogbe and Comfort Ladi Ogbe

I0341740

דף זכויות יוצרים

מחושך לשלטון: 40 יום להשתחרר מאחיזתו הנסתרת של החושך - התמסרות עולמית למודעות, גאולה וכוח

מאת Ogbe & Ambassador Monday O. Ogbe זכריאס גודסגל, קומפורט לאדי

GEM – God's Eagle Ministries-זכויות יוצרים © 2025 זכריאס גודסיגל ו כל הזכויות שמורות.

אין לשכפל, לאחסן במערכת אחזור מידע או להעביר כל חלק מפרסום זה בכל צורה או אמצעי - אלקטרוני, מכני, צילום, הקלטה, סריקה או בכל דרך אחרת - ללא אישור מראש ובכתב מהמוציאים לאור, למעט במקרה של ציטוטים קצרים המשולבים במאמרים ביקורתיים או ביקורות.

ספר זה הוא יצירה של עיון וסיפורת דתית. שמות ופרטים מזהים שונו למען פרטיות במידת הצורך.

ציטוטים מהכתובים לקוחים מ:

- *תרגום החיים החדש* (*NLT*), © 1996, 2004, 2015 על ידי קרן טינדייל האוס. נעשה שימוש באישור. כל הזכויות שמורות.

עיצוב עטיפה על ידי GEM TEAM
עיצוב פנים על ידי GEM TEAM

פורסם על ידי:
GEM – זכריאס גודסיגל ומשרדי הנשר של אלוהים
www.otakada.org [1] | ambassador@otakada.org
מהדורה ראשונה, 2025
הודפסה בארצות הברית של אמריקה

---

1. http://www.otakada.org

תוכן עניינים

טקסט הכריכה האחורית..1
קידום מדיה בפסקה אחת (תקציר לעיתונות/דוא"ל/מודעה)........................2
הַקְדָשָׁה..4
תודות..5
לקורא..6
כיצד להשתמש בספר זה..7
הַקְדָמָה..9
הַקְדָמָה..11
מָבוֹא..12
פרק 1: מקורותיה של ממלכת האופל..14
פרק 2: כיצד פועלת ממלכת האופל כיום..17
פרק 3: נקודות כניסה – איך אנשים מתמכרים..20
פרק 4: ביטויים – מדיבוק לאובססיה..22
פרק 5: כוח המילה – סמכותם של המאמינים..24
יום 1: קשרי דם ושערים - שבירת שרשראות משפחתיות..26
יום 2: פלישות חלומות - כאשר הלילה הופך לשדה קרב..29
יום 3: בני זוג רוחניים - איחודים טמאים הקושרים גורלות..32
יום 4: חפצים מקוללים – דלתות מטמאות..35
יום 5: קסומים ומרומים - להשתחרר מרוח הניבוי..38
יום 6: שערי העין – סגירת שערי החושך..41
יום 7: הכוח שמאחורי שמות - ויתור על זהויות טמאות..43
יום 8: חשיפת אור כוזב - מלכודות העידן החדש והונאות מלאכיות..46
יום 9: מזבח הדם - בריתות הדורשות חיים..49
יום 10: עקרה ושברון - כאשר הרחם הופך לשדה קרב..52
יום 11: הפרעות אוטואימוניות ועייפות כרונית - המלחמה הבלתי נראית מבפנים..55
יום 12: אפילפסיה וייסורים נפשיים - כאשר הנפש הופכת לשדה קרב..58
יום 13: רוח הפחד - שבירת כלוב העינויים הבלתי נראים..61
יום 14: סימנים שטניים - מחיקת הסימן הטמא..64
יום 15: ממלכת המראות - בריחה מכלא ההשתקפויות..67
יום 16: שבירת קשר קללות המילים - לתבוע מחדש את שמך, את עתידך..70
יום 17: שחרור משליטה וממניפולציה..73
יום 18: שבירת כוחם של חוסר הסליחה והמרירות..76

יום 19: ריפוי מבושה וגינוי 79

יום 20: כישוף ביתי - כאשר החושך שוכן תחת אותה קורת גג 82

יום 21: רוח איזבל - פיתוי, שליטה ומניפולציה דתית 85

יום 22: פיתונים ותפילות - שבירת רוח ההיצרות 88

יום 23: כסאות עוולה - הריסת מעוזים טריטוריאליים 91

יום 24: שברי נשמה - כאשר חלקים ממך חסרים 94

יום 25: קללת ילדים זרים - כאשר גורלות מתחלפים בלידה 97

יום 26: מזבחות כוח נסתרות - להשתחרר מבריתות אוקולטיות של האליטה 100

יום 27: בריתות טמאות - הבונים החופשיים, האילומינטי והסתננות רוחנית . 103

יום 28: קבלה, רשתות אנרגיה ופיתוי ה"אור" המיסטי 106

יום 29: צעיף האילומינטי - חשיפת רשתות האלוקטליות של האליטה 109

יום 30: בתי הספר המסתוריים - סודות עתיקים, שעבוד מודרני 112

יום 31: קבלה, גיאומטריה קדושה והונאת אור עילית 115

יום 2 3: רוח הנחש שבפנים - כאשר הגאולה מגיעה מאוחר מדי 119

יום 33: רוח הנחש שבפנים - כאשר הגאולה מגיעה מאוחר מדי 123

יום 34: בונים חופשיים, חוקים וקללות - כאשר אחווה הופכת לשעבוד 127

יום 35: מכשפות בספסלים - כאשר הרשע נכנס דרך דלתות הכנסייה 130

יום 36: לחשים מקודדים - כאשר שירים, אופנה וסרטים הופכים לפורטלים 133

יום 37: מזבחות הכוח הבלתי נראים - הבונים החופשיים, הקבלה ואליטות הנסתר 136

יום 38: בריתות רחם וממלכות מים - כאשר הגורל מטמא לפני הלידה 140

יום 39: טבילת מים לשעבוד - כיצד תינוקות, ראשי תיבות ובריתות בלתי נראות פותחות דלתות 144

יום 40: מהמומביל למובייל - הכאב שלך הוא המינוי שלך 148

הכרזה יומית של גאולה ושלטון ב-°360 - חלק 1 151

הכרזה יומית של גאולה ושלטון ב-°360 - חלק 2 153

הכרזה יומית של גאולה ושלטון ב-°360 - חלק 3 156

סיכום: מהישרדות לבנים - להישאר חופשיים, לחיות חופשיים, לשחרר אחרים 159

איך להיוולד מחדש ולהתחיל חיים חדשים עם ישו 162

רגע הגאולה שלי 164

תעודת חיים חדשים במשיח 165

התחברו עם משרדי הנשר של אלוהים 166

ספרים ומשאבים מומלצים 168

נספח 1: תפילה להבחנה בכישוף נסתר, מנהגים נסתרים או מזבחות מוזרים בכנסייה..182
נספח 2: פרוטוקול ויתור וניקוי תקשורתי...183
נספח 3: הבונים החופשיים, קבלה, קונדליני, כישוף, כתב ויתור נסתר..........184
נספח 4: מדריך להפעלת שמן משחה...185
נספח 6: משאבי וידאו עם עדויות לצמיחה רוחנית...................................186
אזהרה אחרונה: אי אפשר לשחק עם זה...187

אודות הספר – מחושך לשלטון

מחושך לשלטון: 40 יום להשתחרר מאחיזתו הנסתרת של החושך - *התמסרות עולמית למודעות, גאולה וכוח - ליחידים, משפחות ואומות המוכנות להיות חופשיות* זהו לא רק מפגש דתי - זהו מפגש גאולה עולמי בן 40 יום **לנשיאים, ראשי ממשלה, כמרים, עובדי כנסייה, מנכ"לים, הורים, בני נוער וכל מאמין** שמסרב לחיות בתבוסה שקטה.

מפגש עוצמתי זה בן 40 יום עוסק ***בלוחמה רוחנית, גאולה ממזבחות אבות, שבירת קשרי נשמה, חשיפה של עולם הנסתר ועדויות עולמיות ממכשפות לשעבר, שטניסטים לשעבר*** ואלו שהתגברו על כוחות החושך.

בין אם אתם ***מנהיגים מדינה***, ***מנהיגים כנסייה***, **מנהלים עסק** או **נלחמים למען משפחתכם באולם התפילה**, ספר זה יחשוף את מה שהוסתר, יתעמת עם מה שהוזנח, וייתן לכם את הכוח להשתחרר.

התמסרות עולמית בת 40 יום למודעות, גאולה וכוח

בתוך דפים אלה, תתמודדו עם:

- קללות שושלת ובריתות אבות
- בני זוג רוחניים, רוחות ימיות ומניפולציה אסטרלית
- הבונים החופשיים, קבלה, התעוררויות קונדליני ומזבחות כישוף
- הקדשות ילדים, חניכות טרום לידתיות וסבלים דמוניים
- חדירת תקשורת, טראומה מינית ופרגמנטציה של הנשמה
- אגודות סודיות, בינה מלאכותית דמונית ותנועות תחייה כוזבות

כל יום כולל:

- ***סיפור אמיתי או דפוס עולמי***
- ***תובנות מבוססות כתבי הקודש***
- ***יישומים קבוצתיים ואישיים***
- ***תפילת גאולה + יומן התבוננות***

ספר זה מיועד לך אם אתה:

- **נשיא או קובעי מדיניות** המחפשים בהירות רוחנית והגנה לאומתם
- **כומר , מתווך או עובד כנסייה** הנלחם בכוחות בלתי נראים המתנגדים לצמיחה ולטוהר
- **מנכ"ל או מנהיג עסקי** מתמודד עם מלחמה וחבלה בלתי מוסברת
- **נער או תלמיד** הסובל מחלומות, ייסורים או אירועים מוזרים
- **הורה או מטפל** שמבחין בדפוסים רוחניים בשושלת הדם שלך
- **מנהיג נוצרי** עייף ממחזורי תפילה אינסופיים ללא פריצת דרך
- **או פשוט מאמין מוכן לעבור מהישרדות לשליטה מנצחת**

למה הספר הזה?

כי בתקופה שבה החושך עוטה את מסכת האור, **גאולה כבר אינה אופציונלית**. והכוח **שייך לבעלי ידע, למצוידים ולנכנעים**.

נכתב על ידי זכריאס גודסגל , השגריר מאנדיי או. אוגבה , וקומפורט לאדי אוגבה , זה יותר מסתם הוראה - זוהי **קריאת השכמה עולמית** לכנסייה, למשפחה ולאומות לקום ולהילחם בחזרה - לא בפחד, אלא בחוכמה ובסמכות .

אינך יכול לחנך את מה שלא סיפקת. ואינך יכול ללכת בשלטון עד שתשתחרר מאחיזת החושך.

שברו את המעגלים. התעמתו עם הנסתר. קחו בחזרה את גורלכם - יום אחר יום.

טקסט הכריכה האחורית

מ **חושך לשלטון**
40 יום להשתחרר מאחיזתו הנסתרת של החושך
מפגש עולמי למודעות, גאולה וכוח

האם אתה **נשיא** , **כומר** , **הורה או מאמין מתפלל** - נואש לחופש מתמשך ולפריצת דרך?

זה לא סתם מסע דת. זהו מסע עולמי בן 40 יום דרך שדות הקרב הבלתי נראים של **בריתות אבות קדמונים, שעבוד נסתר, רוחות ימיות, פיצול נשמות, חדירת תקשורת ועוד** . כל יום חושף עדויות אמיתיות, ביטויים עולמיים ואסטרטגיות ישימות לגאולה.

תגלו:

- כיצד נפתחים שערים רוחניים - וכיצד לסגור אותם
- השורשים הנסתרים של עיכוב חוזר ונשנה, ייסורים ושעבוד
- תפילות יומיות עוצמתיות, הרהורים ויישומים קבוצתיים
- איך להגיע **לשליטה** , לא רק לגאולה

ממזבחות **כישוף** באפריקה ועד **להונאה של העידן החדש** בצפון אמריקה... **מאגודות סודיות** באירופה ועד **בריתות דמים** באמריקה הלטינית - **ספר זה חושף הכל** .

"**מחושך לשליטה**" הוא מפת הדרכים שלכם לחירות, שנכתבה עבור **כמרים, מנהיגים, משפחות, בני נוער, אנשי מקצוע, מנכ"לים** וכל מי שנמאס לו לחצות מלחמה ללא ניצחון.

"אי אפשר לחנך את מה שלא סיפקת. ואינך יכול ללכת בשלטון עד שתשתחרר מאחיזת החושך."

קידום מדיה בפסקה אחת (תקציר לעיתונות/ דוא"ל/מודעה)

מחושך לשלטון: 40 יום להשתחרר מאחיזתו הנסתרת של החושך הוא ספר התבוננות עולמי החושף כיצד האויב חודר לחיים, משפחות ואומות דרך מזבחות, שושלות, אגודות סודיות, טקסים נסתרים ופשרות יומיומיות. עם סיפורים מכל יבשת ואסטרטגיות גאולה שנבדקו בקרב, ספר זה מיועד לנשיאים ולכמרים, מנכ"לים ובני נוער, עקרות בית ולוחמים רוחניים - כל מי שנואש לחופש מתמשך. זה לא רק לקריאה - זה לשבירת שלשלאות.

תגיות מוצעות

- טקס גאולה
- לוחמה רוחנית
- עדויות נסתרות
- תפילה וצום
- שבירת קללות דורות
- חופש מן החושך
- סמכות רוחנית נוצרית
- רוחות ימיות
- הטעיית קונדליני
- אגודות סודיות נחשפות
- משלוח תוך 40 יום

 # האשטגים לקמפיינים

#חושךלשליטה

#גאולהמסירות

#לשבוראתהשרשראות

#חופשדרךישוע

#התעוררותגלובלית

#קרבותנסתריםנחשפים
#התפללכדילהשתחרר
#ספרלוחמהרוחנית
#מהחושךלאור
#סמכות_הממלכה
#איןעודשעבוד
#עדויותאקס-נסתר
#אזהרת_קונדליני
#חשיפה_של_רוחות_ימיות
40#ימיםשלחופש

הַקְדָּשָׁה

ל - מי שקרא אותנו מן החושך אל אורו הנפלא
ישוע המשיח, מושיענו, נושא האור ומלך התהילה.

לכל נשמה הזועקת בדממה - לכודה בשלשלאות בלתי נראות, רדופה בחלומות, מעונה בקולות, ונאבקת בחושך במקומות שאף אחד לא רואה - המסע הזה הוא בשבילכם.

לרועי **הכנסייה**, **למתווכי הכנסייה** ולשומרים **שעל החומה**,
לאימהות שמתפללות בלילה, ולאבות **המסרבים** לוותר,
לילד **הצעיר** שרואה יותר מדי, ולילדה **הקטנה** המסומנת על ידי רוע מוקדם מדי,
למנכ"לים, לנשיאים **ולמקבלי ההחלטות** הנושאים **משקלים** בלתי נראים מאחורי הכוח הציבורי,
- לעובד **הכנסייה הנאבק בשעבוד** סודי, וללוחם **הרוחני** שמעז להילחם בחזרה
זוהי קריאתכם לקום.

ולאמיצים ששיתפו את סיפוריהם - תודה. הצלקות שלכם משחררות עכשיו אחרים.

מי ייתן ותפילה זו תאיר נתיב בין הצללים ויוביל רבים אל שליטה, ריפוי ואש קדושה.

אינך נשכח. אינך חסר אונים. נולדת לחופש.

***Zacharias Godseagle , Ambassador Monday O. Ogbe & Comfort Ladi -* אוגבה**

תודות

ראשית כל, אנו מכירים **באלוהים יתברך - האב, הבן ורוח הקודש** , מחבר האור והאמת, אשר פקח את עינינו לקרבות הבלתי נראים מאחורי דלתות סגורות, צעיפים, דוכנים ובמות. לישוע המשיח, גואלנו ומלכנו, אנו נותנים את כל התהילה.

לגברים ולנשים האמיצים ברחבי העולם שחלקו את סיפוריהם על ייסורים, ניצחונות וטרנספורמציה - אומץ ליבכם הצית גל עולמי של חופש. תודה לכם ששברתם את השתיקה.

לפקידים ולשומרים שעל החומה אשר עמלו במקומות נסתרים - מלמדים, מתפללים, משחררים ומבחינים - אנו מכבדים את התמדתכם. ציותכם ממשיך להרוס מעוזים ולחשוף הונאה במקומות גבוהים.

למשפחותינו, לשותפינו לתפילה ולצוותי התמיכה שעמדו לצידנו בזמן שחפרנו בהריסות רוחניות כדי לחשוף את האמת - תודה על אמונתכם וסבלנותכם הבלתי מעורערת.

לחוקרים, לעדויות מיוטיוב, לחושפי שחיתויות ולוחמי ממלכה שחושפים את החושך דרך הפלטפורמות שלהם - האומץ שלכם הזינה את העבודה הזו בתובנה, גילויים ודחיפות.

אל **גוף המשיח** : ספר זה הוא גם שלך. מי ייתן ויעורר בך נחישות קדושה להיות ערניים, חדי אבחנה וחסרי פחד. איננו כותבים כמומחים, אלא כעדים. איננו עומדים כשופטים, אלא כגאולים.

ולבסוף, לקוראי **ספר דת זה** - מחפשי דת, לוחמים, כמרים, משרתים של גאולה, ניצולים ואוהבי אמת מכל אומה - מי ייתן וכל עמוד יעצים אתכם לנוע **מ... חושך לשליטה**.

- Zacharias Godseagle

- השגריר יום שני O. Ogbe

- נחמה לאדי אוגבה

לקורא

זה לא סתם ספר. זוהי שיחה.

קריאה לחשוף את מה שהיה חבוי זה מכבר - להתעמת עם הכוחות הבלתי נראים המעצבים דורות, מערכות ונשמות. בין אם אתם **מחפשים צעירים** , **כמרים שחוקים מקרבות שאינכם יכולים לנקוב בשמם** , **מנהיגים עסקיים הנאבקים באימהות לילה** , או **ראש מדינה המתמודד עם חושך לאומי בלתי פוסק** , מאמר זה הוא **המדריך שלכם לצאת מהצללים** .

לאדם : אתה לא משוגע. מה שאתה חש - בחלומות שלך, באווירה שלך, בשושלת הדם **שלך** - אכן עשוי להיות רוחני. אלוהים אינו רק מרפא; הוא גואל.

למשפחה : מסע **בן** 40 יום זה יעזור לכם לזהות דפוסים שעינו את שושלתכם זה מכבר - התמכרויות, מוות בטרם עת, גירושין, עקרות, ייסורים נפשיים, עוני פתאומי - ולספק לכם את הכלים לשבור אותם.

למנהיגי **הכנסייה ולכמרים** : מי ייתן וזה יעורר בנו תבונה עמוקה יותר ואומץ להתעמת עם עולם הרוחות מהדוכן, לא רק מהבמה. גאולה אינה אופציונלית. היא חלק מהמשימה הגדולה.

למנכ"לים , **יזמים ואנשי מקצוע** : בריתות רוחניות פועלות גם בחדרי ישיבות. הקדישו את עסקכם לאלוהים. הרסו מזבחות אבות במסווה של מזל עסקי, בריתות דמים או חסד הבונים החופשיים. בנו בידיים נקיות.

לשומרים **ולמתפללים** : ערנותכם לא הייתה לשווא. משאב זה הוא נשק בידיכם - עבור עירכם, אזורכם, אומתכם.

לנשיאים **ולראשי ממשלה** , אם זה אי פעם יגיע לשולחנכם: אומות אינן נשלטות רק על ידי מדיניות. הן נשלטות על ידי מזבחות - שהוקמו בסתר או בפומבי. עד שיטופלו היסודות הנסתרים, השלום יישאר חמקמק. מי ייתן והרצאה זו תניע אתכם לרפורמה דורית.

לצעיר **או לאישה הצעירים** שקוראים זאת ברגע של ייאוש: אלוהים רואה אותך. הוא בחר בך. והוא מוציא אותך החוצה - לתמיד.

זהו המסע שלך. יום אחר יום. שרשרת אחר שרשרת.

מחושך לשליטה - זה הזמן שלך.

כיצד להשתמש בספר זה

מ**חושך לשלטון:** 40 יום להשתחרר מאחיזתו הנסתרת של החושך הוא יותר מסתם ספר דת - זהו מדריך גאולה, גמילה רוחנית ומחנה אימונים למלחמה. בין אם אתם קוראים לבד, עם קבוצה, בכנסייה או כמנהיגים המדריכים אחרים, הנה איך להפיק את המרב ממסע עוצמתי זה בן 40 הימים:

קצב יומי
כל יום עוקב אחר מבנה עקבי שיעזור לך להפעיל את הרוח, הנשמה והגוף:

- **הוראה דתית עיקרית** - נושא התגלותי החושף חושך נסתר.
- **הקשר גלובלי** - כיצד מעוז זה בא לידי ביטוי ברחבי העולם.
- **סיפורי חיים אמיתיים** - מפגשי גאולה אמיתיים מתרבויות שונות.
- **תוכנית פעולה** - תרגילים רוחניים אישיים, ויתור או הצהרות.
- **יישום קבוצתי** – לשימוש בקבוצות קטנות, משפחות, כנסיות או צוותי גאולה.
- **תובנה מרכזית** - נקודה לזכור ולתפילה.
- **יומן רפלקציה** – שאלות לב לעיבוד מעמיק של כל אמת.
- **תפילת גאולה** - תפילת לוחמה רוחנית ממוקדת לשבירת מעוזים.

מה שתצטרכו

- **התנ"ך שלך**
- **יומן או מחברת ייעודיים**
- **שמן משחה** (אופציונלי אך עוצמתי במהלך תפילות)
- **נכונות לצום ולהתפלל** כפי שהרוח מנחה
- **שותף לאחריות או צוות תפילה** למקרים עמוקים יותר

כיצד להשתמש עם קבוצות או כנסיות

- **נפגשים מדי יום או שבוע** כדי לדון בתובנות ולהוביל תפילות משותפות.

- עודדו את החברים למלא את **יומן הרפלקציה** לפני מפגשי הקבוצה.
- השתמשו במקטע **הגשת מועמדות קבוצתית** כדי לעורר דיון, וידוי או רגעים של גאולה ארגונית.
- למנות מנהיגים מיומנים לטפל בביטויים עזים יותר.

לכמרים, מנהיגים ומשרתים בשירות הגאולה

- למדו את הנושאים היומיים מהדוכן או בבתי ספר להכשרת גאולה.
- הציידו את הצוות שלכם להשתמש במנהג זה כמדריך ייעוץ.
- התאימו אישית חלקים לפי הצורך עבור מיפוי רוחני, מפגשי התעוררות או מסעות תפילה עירוניים.

נספחים לחקירה

בסוף הספר תמצאו משאבי בונוס רבי עוצמה, כולל:

1. **הצהרה יומית של גאולה מוחלטת** - אמרו זאת בקול רם בכל בוקר וערב.
2. **מדריך לוויתור על התקשורת** - ניקוי רעלים מחייכם מזיהום רוחני בבידור.
3. **תפילה להבחנה במזבחות נסתרים בכנסיות** - למתפללים ולעובדי כנסייה.
4. **הבונים החופשיים, קבלה, קונדליני וכתב ויתור על הנסתר** - תפילות חזרה בתשובה עוצמתיות.
5. **רשימת בדיקה לגאולה המונית** - לשימוש במסעות צלב, חברותא ביתית או ריטריטים אישיים.
6. **קישורים לסרטוני עדות**

הַקְדָמָה

שנה מלחמה - בלתי נראית, שלא מדוברת, אך אמיתית בעוצמה - משתוללת על **י**
נשמותיהם של גברים, נשים, ילדים, משפחות, קהילות ואומות.

ספר זה נולד לא מתיאוריה, אלא מאש. מחדרי גאולה בוכיים. מעדויות שנלחשו בצללים ונצעקו מגגות. מלימוד מעמיק, התערבות עולמית, ותסכול קדוש מהנצרות השטחית שאינה מצליחה להתמודד עם **שורשי החושך** שעדיין מסבכים את המאמינים.

יותר מדי אנשים הגיעו לצלב אך עדיין גוררים שלשלאות. יותר מדי כמרים מטיפים לחירות תוך שהם מתייסרים בסתר על ידי שדים של תאווה, פחד או בריתות אבות. יותר מדי משפחות לכודות במעגלים - של עוני, סטייה, התמכרות, עקרות, בושה - ואינן **יודעות מדוע** . ויותר מדי כנסיות נמנעות מלדבר על שדים, כישוף, מזבחות דם או גאולה כי זה "אינטנסיבי מדי".

.אבל ישוע לא נמנע מהחושך - הוא **התעמת איתו**

.הוא לא התעלם משדים - הוא **גירש אותם**

.והוא לא מת רק כדי לסלוח לך - הוא מת כדי **לשחרר אותך**

מסע התפילה העולמי הזה בן 40 הימים אינו לימוד תנ"ך אגבי. זהו **חדר ניתוח רוחני** . יומן של חופש. מפה מהגיהנום עבור אלו שמרגישים תקועים בין ישועה לחירות אמיתית. בין אם אתם נערים כבולים בפורנוגרפיה, גברת ראשונה מוכת חלומות על נחשים, ראש ממשלה המיוסר באשמת אבות קדמונים, נביא שמסתיר שעבוד סודי, או ילד שמתעורר מחלומות שטניים - המסע הזה הוא בשבילכם.

תמצאו סיפורים מרחבי העולם - אפריקה, אסיה, אירופה, צפון ודרום אמריקה - כולם מאשרים אמת אחת: **השטן אינו נושא פנים אל פנים** . אבל גם אלוהים אינו כזה. ומה שהוא עשה עבור אחרים, הוא יכול לעשות עבורכם.

ספר זה נכתב עבור:

- **אנשים** המחפשים גאולה אישית
- **משפחות** הזקוקות לריפוי דורי
- **כמרים** ועובדי כנסייה זקוקים להכשרה

- **מנהיגים עסקיים** מנווטים לוחמה רוחנית במקומות גבוהים
- **אומות** זועקות לתחייה אמיתית
- **צעירים** שפתחו דלתות מבלי דעת
- **שרי גאולה** הזקוקים למבנה ואסטרטגיה
- ואפילו **אלה שלא מאמינים בשדים** - עד שהם יקראו את הסיפור שלהם בדפים אלה

תימתח. תיאלץ להתמודד עם אתגרים. אבל אם תישארו בדרך, גם אתם תעברו **שינוי**.

אתה לא רק הולך להשתחרר. אתה הולך **ללכת בשלטון**.

בואו נתחיל.

— זכריאס גודסגל, *השגריר מאנדיי או. אוגבה*, וקומפורט לאדי אוגבה

הַקְדָמָה

רשנה סערה בגויים. טלטלה בעולם הרוחות. מדוכני דוכנים ועד לפרלמנטים, סלונים ועד כנסיות מחתרתיות, אנשים בכל מקום מתעוררים לאמת מצמררת: הערכנו פחות את טווח ההשפעה של האויב - ולא הבנו נכון את הסמכות שאנו נושאים במשיח.

מחושך לשלטון אינו רק מאמר דתי; זוהי קריאת תהילה. מדריך נבואי. חבל הצלה למיוסרים, לכבולים ולמאמינים הכנים התוהים, "מדוע אני עדיין בשלשלאות?"

כמי שהיה עד לתחייה וגאולה ברחבי אומות, אני יודע ממקור ראשון שהכנסייה לא חסרה ידע - אנחנו חסרים **מודעות רוחנית** , **אומץ** ומשמעת . עבודה זו מגשרת על הפער הזה. היא שוזרת יחד עדויות עולמיות, אמת נוקבת, **פעולה** מעשית וכוחו של הצלב למסע בן 40 יום שינענע את האבק מעל החיים הרדומים ויצית אש בעייפים.

לכומר שמעז להתעמת עם מזבחות, לצעיר שנלחם בשקט בחלומות דמוניים, לבעל עסק המסתבך בבריתות בלתי נראות, ולמנהיג שיודע שמשהו *לא בסדר מבחינה רוחנית* אך אינו יכול לנקוב בשם - ספר זה הוא בשבילכם.

אני מפציר בכם לא לקרוא את זה באופן פסיבי. תנו לכל עמוד לעורר את רוחכם. תנו לכל סיפור להוליד מלחמה. תנו לכל הצהרה לאמן את פיכם לדבר באש. וכאשר תעברו את 40 הימים האלה, אל תחגגו רק את חירותכם - הפכו לכלי לחירותם של אחרים.

...כי שליטה אמיתית אינה רק בריחה מהחושך
היא הסתובבות וגרירת אחרים אל האור.

בסמכותו ובכוחו של ישו,
השגריר אוגבה

מָבוֹא

מ**חושך לשלטון: 40 יום להשתחרר מאחיזתו הנסתרת של החושך** הוא לא סתם עוד מחזה דתי - זוהי קריאת השכמה עולמית.

בכל רחבי העולם - מכפרים כפריים ועד ארמונות נשיאות, מזבחות כנסיות ועד חדרי ישיבות - גברים ונשים זועקים לחופש. לא רק לישועה. **לגאולה. לבהירות. לפריצת דרך. לשלמות. לשלום. לכוח.**

אבל הנה האמת: אינך יכול לגרש את מה שאתה סובל. אינך יכול להשתחרר ממה שאתה לא יכול לראות. ספר זה הוא האור שלך בחושך הזה.

במשך 40 יום, תעברו דרך תורות, סיפורים, עדויות ופעולות אסטרטגיות שחושפות את פעולותיו הנסתרות של החושך ומעצימות אתכם להתגבר - על רוח, נשמה וגוף.

בין אם אתם כומר, מנכ"ל, מיסיונר, מתווך, נער, אם או ראש מדינה, תוכן הספר הזה יעמת אתכם. לא כדי לבייש אתכם - אלא כדי לשחרר אתכם ולהכין אתכם להוביל אחרים אל החופש.

זהו **טקס התמסרות עולמי של מודעות, גאולה וכוח** - המושרש בכתבי הקודש, מחודד על ידי סיפורים מהחיים האמיתיים, וספוג בדמו של ישוע.

כיצד להשתמש במסמך זה

1.**התחילו עם 5 הפרקים הבסיסיים**

. פרקים אלה מניחים את היסודות. אל תדלגו עליהם. הם יעזרו לכם להבין את הארכיטקטורה הרוחנית של החושך ואת הסמכות שניתנה לכם להתעלות מעליו.

2..**לעבור כל יום במכוון**

כל ערך יומי כולל נושא מיקוד, ביטויים גלובליים, סיפור אמיתי, כתבי קודש, תוכנית פעולה, רעיונות ליישום קבוצתי, תובנות מרכזיות, הנחיות ליומן ותפילה עוצמתית.

3.**סגרו כל יום בעזרת ההצהרה היומית של 360 מעלות**

, הנמצאת בסוף ספר זה, הצהרה עוצמתית זו נועדה לחזק את חירותכם ולהגן על שעריכם הרוחניים.

4.**.השתמשו בזה לבד או בקבוצות**
בין אם אתם עוברים זאת באופן אישי או בקבוצה, בחברותא ביתית, בצוות תווך או בשירות גאולה - אפשרו לרוח הקודש להנחות את הקצב ולהתאים אישית את תוכנית הקרב.
5.**צפו להתנגדות - והתנגדות פורצת דרך**
תגיע. אבל כך גם החופש. גאולה היא תהליך, וישוע מחויב ללכת בו אתכם.

פרקי יסוד (קראו לפני יום 1)

1. מקורותיה של ממלכת האופל

ממרד לוציפר ועד להופעתן של היררכיות דמוניות ורוחות טריטוריאליות, פרק זה עוקב אחר ההיסטוריה המקראית והרוחנית של החושך. הבנת המקום בו הוא התחיל עוזרת לכם לזהות כיצד הוא פועל.

2. כיצד פועלת ממלכת האופל כיום

מבריתות וקורבנות דם ועד למזבחות, רוחות ים וחדירה טכנולוגית, פרק זה חושף את פניהן המודרניות של רוחות קדומות - כולל כיצד תקשורת, טרנדים ואפילו דת יכולים לשמש כהסוואה.

3. נקודות כניסה: איך אנשים מתמכרים

אף אחד לא נולד לעבדות במקרה. פרק זה בוחן פתחי דלתות כגון טראומה, מזבחות אבות קדמונים, חשיפת כישוף, קשרי נשמה, סקרנות נסתרת, הבונים החופשיים, רוחניות כוזבת ומנהגים תרבותיים.

4. ביטויים: מדיבוק לאובססיה

איך נראה שעבוד? מסיוטים ועד עיכוב בנישואין, עקרות, התמכרות, זעם ואפילו "צחוק קדוש", פרק זה חושף כיצד שדים מתחפשים לבעיות, מתנות או אישיויות.

5. כוחו של הדבר: סמכותם של המאמינים

לפני שנתחיל במלחמת 40 הימים, עליכם להבין את זכויותיכם החוקיות במשיח. פרק זה מצייד אתכם בחוקים רוחניים, כלי נשק למלחמה, פרוטוקולים כתובים ושפת הגאולה.

עידוד אחרון לפני שמתחילים

אלוהים לא קורא לך *לנהל* את החושך.
הוא קורא לך **לשלוט** בו.
לא בכוח, לא בכוח, אלא ברוחו.
מי ייתן ו-40 הימים הבאים יהיו יותר מסתם תפילה.
מי ייתן ויהיו הלוויה לכל מזבח שבעבר שלט בך... והכתרה אל הייעוד שאלוהים ייעד עבורך.

מסע השליטה שלך מתחיל עכשיו.

פרק 1: מקורותיה של ממלכת האופל

"כי *איננו נאבקים נגד בשר ודם, אלא נגד שררות, נגד שלטונות, נגד שליטי חושך העולם הזה, נגד רוחניות הרשע שבמרומים."* - אפסים ו':12

הרבה לפני שהאנושות עלתה על במת הזמן, פרצה מלחמה בלתי נראית בשמיים. זו לא הייתה מלחמת חרבות או רובים, אלא מרד - בגידה גדולה בקדושתו ובסמכותו של האל העליון . התנ"ך חושף את התעלומה הזו באמצעות קטעים שונים הרומזים על נפילתו של אחד ממלאכיו היפים ביותר של אלוהים - **לוציפר** הזוהר - שהעז להתעלות מעל כס מלכותו של אלוהים (ישעיהו יד: 12-15, יחזקאל כ"ח: 12-17).

מרד קוסמי זה הוליד את **ממלכת האופל** - עולם של התנגדות רוחנית והונאה, המורכב ממלאכים שנפלו (כיום שדים), נסיכויות וכוחות הפועלים נגד רצון האל ונגד עמו.

הנפילה והיווצרות החושך

לוציפר לא תמיד היה רע. הוא נברא מושלם בחוכמה וביופי. אבל גאווה נכנסה לליבו, וגאווה הפכה למרד. הוא רימה שליש ממלאכי השמיים ללכת אחריו (התגלות י"ב:4), והם גורשו מהשמיים. שנאתם כלפי האנושות מושרשת בקנאה - משום שהאנושות נבראה בצלם אלוהים וניתנה לה שליטה.

כך החלה המלחמה בין **ממלכת האור** לממלכת **החושך** - סכסוך בלתי נראה שנוגע בכל נשמה, בכל בית ובכל אומה.

הביטוי הגלובלי של הממלכה האפלה

למרות היותה בלתי נראית, השפעתה של ממלכה אפלה זו טבועה עמוק ב:

- **מסורות תרבותיות** (פולחן אבות, קורבנות דם, אגודות סודיות)
- **בידור** (מסרים תת-הכרתיים, מוזיקה ומופעים אוקולטיים)
- **ממשל** (שחיתות, בריתות דם, שבועות)
- **טכנולוגיה** (כלים להתמכרות, שליטה, מניפולציה מוחית)
- **חינוך** (הומניזם, רלטיביזם, הארה כוזבת)

מג'וג'ו אפריקאי ועד למיסטיקה מערבית של העידן החדש, מפולחן ג'ינים מזרח תיכוני ועד שאמאניזם דרום אמריקאי, הצורות שונות אך הרוח **זהה** - הטעיה, שליטה והרס.

למה הספר הזה חשוב עכשיו

התכסיס הכי גדול של השטן הוא לגרום לאנשים להאמין שהוא לא קיים - או גרוע מכך, שדרכיו אינן מזיקות.

ספר דת זה הוא **מדריך לאינטליגנציה רוחנית** - הסרת הצעיף, חשיפת מזימותיו ומעצים מאמינים ברחבי יבשות כדי:

- **לזהות** נקודות כניסה
- **ויתור על** בריתות נסתרות
- **להתנגד** עם סמכות
- **להחזיר** את מה שנגנב

נולדת לתוך קרב

זה לא ספר דת לבעלי לב חלש. נולדתם לשדה קרב, לא לשדה משחקים. אבל החדשות הטובות הן: **ישוע כבר ניצח במלחמה!**
"הוא פירק את השליטים והרשויות מנשקם והביא אותם לבושת פנים, בכך שניצח אותם בו." - קולוסים ב':15

אתה לא קורבן. אתה יותר מכובש דרך ישו. בואו נחשוף את החושך - ונלך באומץ אל האור.

תובנה מרכזית

מקור החושך הוא גאווה, מרד ודחיית שלטון האל. אותם זרעים עדיין פועלים בליבם של אנשים ומערכות כיום. כדי להבין את המלחמה הרוחנית, עלינו להבין תחילה כיצד החל המרד.

יומן רפלקציה

- האם פטרתי את המלחמה הרוחנית כאמונה טפלה?
- אילו מנהגים תרבותיים או משפחתיים נירמלתי שעשויים להיות קשורים למרד עתיק?
- האם אני באמת מבין את המלחמה שאליה נולדתי?

תפילת הארה

אבי שבשמיים, גלה לי את שורשי המרד הנסתרים סביבי ובתוכי. חשף את שקרי החושך שאולי אימצתי מבלי דעת. תן לאמתך לזרוח בכל מקום אפל. אני בוחר במלכות האור. אני בוחר ללכת באמת, בכוח ובחופש. בשם ישוע. אמן.

פרק 2: כיצד פועלת ממלכת האופל כיום

"פן יתן לשטן יתרון עלינו, כי איננו יודעים על תחבולותיו." - קורינתים ב' ב':11
ממלכת החושך אינה פועלת באופן אקראי. זוהי תשתית רוחנית מאורגנת היטב, מרובדת ועמוקה, המשקפת אסטרטגיה צבאית. מטרתה: לחדור, לתמרן, לשלוט ובסופו של דבר להרוס. כשם שלמלכות האלוהים יש דרגות וסדר (שליחים, נביאים וכו'), כך גם ממלכת החושך - עם נסיכויות, כוחות, שליטי חושך ורשע רוחני במקומות גבוהים (אפסים ו':12).

ממלכת האופל אינה מיתוס. היא אינה פולקלור או אמונות טפלות דתיות. זוהי רשת בלתי נראית אך אמיתית של סוכנים רוחניים אשר מתמרנים מערכות, אנשים ואפילו כנסיות כדי למלא את סדר היום של השטן. בעוד שרבים מדמיינים קלשונים וקרניים אדומות, הפעולה האמיתית של ממלכה זו היא הרבה יותר עדינה, שיטתית ומרושעת.

1. הונאה היא המטבע שלהם

האויב סוחר בשקרים. מגן עדן (בראשית ג') ועד לפילוסופיות של ימינו, הטקטיקות של השטן תמיד סבבו סביב זריעת ספק בדבר אלוהים. כיום, הטעיה מופיעה בצורה של:

- *תורות העידן החדש במסווה של הארה*
- *מנהגים נסתרים במסווה של גאווה תרבותית*
- *כישוף זוכה לזוהר במוזיקה, סרטים, קריקטורות וטרנדים ברשתות החברתיות*

אנשים משתתפים מבלי דעת בטקסים או צורכים מדיה שפותחת דלתות רוחניות ללא הבחנה.

2. מבנה היררכי של הרוע

כשם שבמלכות האל יש סדר, כך גם ממלכת החושך פועלת תחת היררכיה מוגדרת:

- **נסיכויות** – רוחות טריטוריאליות המשפיעות על אומות וממשלות

- **כוחות** - סוכנים האוכפים את הרשע באמצעות מערכות דמוניות
- **שליטי החושך** - מתאמי עיוורון רוחני, עבודת אלילים ודת כוזבת
- **רשעות רוחנית במקומות גבוהים** - ישויות ברמה עילית המשפיעות על התרבות, העושר והטכנולוגיה הגלובלית.

כל שד מתמחה במשימות מסוימות - פחד, התמכרות, סטייה מינית, בלבול, גאווה, פילוג.

3. כלי שליטה תרבותית

השטן כבר לא צריך להופיע פיזית. התרבות עושה כעת את העבודה הקשה. האסטרטגיות שלו כיום כוללות:

- **מסרים תת-הכרתיים**: מוזיקה, תוכניות, פרסומות מלאות בסמלים נסתרים ומסרים הפוכים
- **דה-סנסיטיזציה**: חשיפה חוזרת ונשנית לחטא (אלימות, עירום, קללות) עד שזה הופך ל"נורמלי"
- **טכניקות לשליטה רגשית**: באמצעות היפנוזה תקשורתית, מניפולציה רגשית ואלגוריתמים ממכרים

זה לא מקרי. אלו הן אסטרטגיות שנועדו להחליש אמונות מוסריות, להרוס משפחות ולהגדיר מחדש את האמת.

4. הסכמי דורות וקווי דם

באמצעות חלומות, טקסים, הקדשות או בריתות אבות, אנשים רבים משויכים מבלי דעת לחושך. השטן מנצל זאת:

- מזבחות משפחתיות ואלילי אבות
- טקסי מתן שמות המעוררים רוחות
- חטאי משפחה סודיים או קללות שעברו מדור לדור

אלה פותחים עילות משפטיות לסבל עד שהברית תופר על ידי דמו של ישוע.

5. ניסים כוזבים, נביאי שקר

הממלכה האופל אוהבת דת - במיוחד אם היא חסרה אמת וכוח. נביאי שקר, רוחות מפתה וניסים מזויפים מרמים את ההמונים:

"*כי השטן עצמו מתהפך למלאך אור.*" - קורינתים ב' י"א 14

רבים כיום הולכים אחר קולות שמדגדגים את אוזניהם אך כובלים את נשמותיהם.

תובנה מרכזית
השטן לא תמיד רועש - לפעמים הוא לוחש דרך פשרה. הטקטיקה הגדולה ביותר של ממלכת האופל היא לשכנע אנשים שהם חופשיים, בעוד שהם משועבדים בעדינות.

יומן רפלקציה:

• היכן ראיתם מבצעים כאלה בקהילה או במדינה שלכם?
• האם יש תוכניות, מוזיקה, אפליקציות או טקסים שהפכת לנורמלים שעשויים לשמש למעשה כלי מניפולציה?

תפילת מודעות ותשובה:
אדון ישוע, פקח את עיניי לראות את פעולות האויב. חשוף כל שקר שהאמנתי בו. סלח לי על כל דלת שפתחתי, ביודעין או שלא ביודעין. אני שובר הסכמה עם החושך ובוחר באמתך, בכוחך ובחירותך. בשם ישוע. אמן.

פרק 3: נקודות כניסה – איך אנשים מתמכרים

"אַל תתנו לשטן דריסת רגל." - אפסים ד':27

בכל תרבות, דור ובית, ישנם פתחים נסתרים - שערים שדרכם נכנס חושך רוחני. נקודות כניסה אלו עשויות להיראות חסרות משמעות בהתחלה: משחק ילדות, טקס משפחתי, ספר, סרט, טראומה לא פתורה. אך ברגע שהן נפתחות, הן הופכות לקרקע חוקית להשפעה דמונית.

נקודות כניסה נפוצות

1. **בריתות שושלת** - שבועות אבות, טקסים ועבודת אלילים המעבירים גישה לרוחות רעות.
2. **חשיפה מוקדמת לנסתר** – כמו בסיפורה של לורדס ואלדיביה מבוליביה, ילדים שנחשפים לכישוף, רוחניות או טקסים נסתרים לעיתים קרובות נפגעים מבחינה רוחנית.
3. **מדיה ומוזיקה** – שירים וסרטים המפארים חושך, חושניות או מרד יכולים להזמין בעדינות השפעה רוחנית.
4. **טראומה והתעללות** – התעללות מינית, טראומה אלימה או דחייה עלולות לסדוק את הנשמה בפני רוחות מדכאות.
5. **חטא מיני וקשרים נשמה** - קשרים מיניים אסורים יוצרים לעתים קרובות קשרים רוחניים והעברת רוחות.
6. **ניו אייג' ודת שקרית** - קריסטלים, יוגה, מדריכים רוחניים, הורוסקופים ו"כישוף לבן" הם הזמנות מוסוות.
7. **מרירות וחוסר סליחה** – אלה נותנים לרוחות דמוניות זכות חוקית לענות (ראה מתי י"ח:34).

עדות עולמית: לורד ואלדיביה (בוליביה)

בגיל 7 בלבד, לורדס נחשפה לכישוף על ידי אמה, מומחית ותיקה לאוקולטיזם. ביתה היה מלא בסמלים, עצמות מבתי קברות וספרי קסמים. היא חוותה הקרנה אסטרלית, קולות ועינויים לפני שלבסוף מצאה את ישו ושוחררה. סיפורה הוא אחד

מני רבים - מוכיח כיצד חשיפה מוקדמת והשפעה של דורות פותחות דלתות לשעבוד רוחני.

הפניה לניצולים גדולים יותר:

סיפורים על איך אנשים פתחו דלתות מבלי דעת באמצעות פעילויות "לא מזיקות" - רק כדי להילכד בחושך - ניתן למצוא בספרים " *מנצלים גדולים יותר 14"* ו"גאולה *מכוח החושך"* . (ראו נספח)

תובנה מרכזית

האויב כמעט ולא מתפרץ פנימה. הוא מחכה שדלת תיפתח. מה שמרגיש תמים, תורשתי או מבדר יכול לפעמים להיות בדיוק השער שהאויב צריך.

יומן רפלקציה

- אילו רגעים בחיי שימשו כנקודות כניסה רוחניות?
- האם יש מסורות או חפצים "לא מזיקים" שאני צריך לשחרר?
- האם אני צריך/ה לוותר על משהו מהעבר שלי או משושלת המשפחה שלי?

תפילת ויתור

אבא, אני סוגר כל דלת שאני או אבותיי פתחנו לחושך. אני מוותר על כל הסכמים, קשרי נשמה וחשיפה לכל דבר טמא. אני שובר כל שרשרת בדם ישוע. אני מצהיר שגופי, נשמתי ורוחי שייכים למשיח בלבד. בשם ישוע. אמן.

פרק 4: ביטויים – מדיבוק לאובססיה

"כאשר רוח טמאה יוצאת מאדם, היא הולכת דרך מקומות צחיחים ומחפשת מנוחה ולא מוצאת. ואז היא אומרת: 'אשוב אל הבית אשר עזבתי'." - מתי י"ב 43

ברגע שאדם נכנס להשפעת הממלכה האופל, הביטויים משתנים בהתאם לרמת הגישה הדמונית שניתנה לו. האויב הרוחני אינו מסתפק בביקורים - מטרתו הסופית היא מגורים ושליטה.

רמות של ביטוי

1. **השפעה** – האויב צובר השפעה באמצעות מחשבות, רגשות והחלטות.
2. **דיכוי** - יש לחץ חיצוני, כבדות, בלבול וייסורים.
3. **אובססיה** – האדם מתקבע על מחשבות אפלות או התנהגות כפייתית.
4. **דיבוק** – במקרים נדירים אך אמיתיים, שדים משתלטים על אדם ומחליפים את רצונו, קולו או גופו.

מידת ההתגלמות קשורה לעתים קרובות לעומק הפשרה הרוחנית.

מקרי בוחן גלובליים של ביטוי

- **אפריקה**: מקרים של בעל/אישה רוחנית, טירוף, שעבוד פולחני.
- **אירופה**: היפנוזה של העידן החדש, הקרנה אסטרלית ופרגמנטציה של התודעה.
- **אסיה**: קשרי נשמה בין אבות קדמונים, מלכודות גלגול נשמות ונדרי שושלת.
- **דרום אמריקה**: שאמאניזם, מדריכים רוחניים, התמכרות לקריאה על-טבעית.
- **צפון אמריקה**: כישוף בתקשורת, הורוסקופים "לא מזיקים", שערי דרך לחומר.
- **המזרח התיכון**: מפגשים עם ג'ינים, שבועות דם וזיופים נבואיים.

כל יבשת מציגה את המסווה הייחודי שלה של אותה מערכת דמונית - והמאמינים חייבים ללמוד כיצד לזהות את הסימנים.

תסמינים נפוצים של פעילות דמונית

- סיוטים חוזרים או שיתוק שינה
- קולות או ייסורים נפשיים
- חטא כפייתי ונסיגה חוזרת ונשנית
- מחלות בלתי מוסברות, פחד או זעם
- כוח או ידע על טבעיים
- סלידה פתאומית מדברים רוחניים

תובנה מרכזית

מה שאנו מכנים בעיות "נפשיות", "רגשיות" או "רפואיות" יכול לפעמים להיות רוחניות. לא תמיד - אבל לעתים קרובות מספיק כדי שהבחנה היא קריטית.

יומן רפלקציה

- האם שמתי לב למאבקים חוזרים ונשנים שנראים רוחניים מטבעם?
- האם ישנם דפוסי הרס דורי במשפחתי?
- איזה סוג של מדיה, מוזיקה או מערכות יחסים אני מאפשר להיכנס לחיי?

תפילת ויתור

אדון ישוע, אני מתנער מכל הסכם נסתר, דלת פתוחה וברית לא-אלוקית בחיי. אני מנתק קשרים עם כל דבר שאינו שלך - ביודעין או שלא ביודעין. אני מזמין את אש רוח הקודש לכלות כל זכר לחושך בחיי. שחרר אותי לחלוטין. בשמך האדיר. אמן.

פרק 5: כוח המילה – סמכותם של המאמינים

"ה*נה, אני נותן לכם את הכוח לדרוך על נחשים ועקרבים, ועל כל כוח האויב; ודבר לא יפגע בכם."* - לוקס י' 19.

מאמינים רבים חיים בפחד מהחושך משום שאינם מבינים את האור שהם נושאים. עם זאת, כתבי הקודש מגלים שדבר **אלוהים אינו רק חרב** (**אפסים ו'**:17) - הוא אש (ירמיהו כ"ג:29), פטיש, זרע והחיים עצמם. בקרב בין אור לחושך, אלו שיודעים ומכריזים על דבר אלוהים לעולם אינם קורבנות.

מהו הכוח הזה?

הכוח שיש למאמינים הוא **סמכות שהוענקה להם** . כמו שוטר עם תג, איננו עומדים על כוחנו, אלא בשם **ישוע** ובאמצעות דבר אלוהים. כאשר ישוע ניצח את השטן במדבר, הוא לא צעק, בכה או נכנס לפאניקה - הוא פשוט אמר: *"כתוב"* .

זהו המודל לכל לוחמה רוחנית.

מדוע נוצרים רבים נותרים מובסים

1.**בורות** – הם לא יודעים מה הדבר אומר על זהותם.
2.**שתיקה** - הם לא מכריזים על דבר אלוהים על פני מצבים.
3.**חוסר עקביות** – הם חיים במעגלים של חטא, אשר שוחקים את הביטחון והנגישות.

ניצחון אינו עניין של לצעוק חזק יותר; מדובר **באמונה עמוקה יותר** ובהצהרה **באומץ** .

סמכות בפעולה – סיפורים גלובליים

- **ניגריה:** ילד צעיר שנלכד בכתות ניצל כאשר אמו משחה בעקביות את חדרו ודיברה בתהילים צ"א בכל לילה.
- **ארצות הברית:** וויקנית לשעבר נטשה את תחום הכישוף לאחר שעמיתה הכריזה בשקט על כתבי קודש מעל סביבת העבודה שלה מדי יום במשך חודשים.
- **הודו:** מאמין הצהיר על ישעיהו נ"ד:17 בעודו מתמודד עם התקפות בלתי

פוסקות של מאגיה שחורה - ההתקפות פסקו, והתוקף הודה.
•**ברזיל**: אישה השתמשה בהצהרות יומיומיות מתוך רומים ח' על מחשבותיה האובדניות והחלה ללכת בשלווה על טבעית.

הדבר חי. הוא אינו זקוק לשלמות שלנו, רק לאמונתנו ולהודאתנו.
כיצד להשתמש בדבר במלחמה

1. **שינון פסוקים** הקשורים לזהות, ניצחון והגנה.
2. **דבר את הדבר בקול רם**, במיוחד במהלך התקפות רוחניות.
3. **השתמש בו בתפילה**, והצהיר על הבטחות האל על פני מצבים.
4. **צום** + **התפלל** עם הדבר כעוגן (מתי י"ז: 21).

כתבי יסוד ללוחמה

• *קורינתים ב' י':3-5* – נפילת מבצרים
• *ישעיהו נד:יז* - כל כלי יצירה לא יצליח
• *לוקס י':19* – כוח על האויב
• *תהילים צ"א* – הגנה אלוהית
• *התגלות 12:11* – התגברות על ידי הדם והעדות

תובנה מרכזית

דבר אלוהים שבפיך חזק כמו דבר אלוהים - כאשר הוא נאמר באמונה.
יומן רפלקציה

• האם אני יודע/ת את זכויותיי הרוחניות כמאמין/ה?
• על אילו פסוקים אני עומד באופן פעיל היום?
• האם נתתי לפחד או לבורות להשתיק את סמכותי?

תפילה של העצמה

אבא, פקח את עיניי לסמכות שיש לי במשיח. למד אותי להשתמש בדברך באומץ ובאמונה. היכן שאפשרתי לפחד או לבורות לשלוט, תן לגילוי לבוא. אני עומד היום כילד של אלוהים, חמוש בחרב הרוח. אדבר את הדבר. אעמוד בניצחון. לא אירא מהאויב - כי גדול יותר הוא מי שנמצא בי. בשם ישוע. אמן.

יום 1: קשרי דם ושערים - שבירת שרשראות משפחתיות

"אבותינו חטאו ואינם עוד, ואנחנו נושאים את עונשם." - קינות ה', ז'

ייתכן שניצלת, אך לשושלת הדם שלך עדיין יש היסטוריה - ועד שהבריתות הישנות ייפרצו, הן ממשיכות לדבר.

בכל יבשת, ישנם מזבחות נסתרים, בריתות אבות, נדרים סודיים ועוונות תורשתיים שנשארים פעילים עד שהם מטופלים במפורש. מה שהחל עם סבים וסבתות רבתא עדיין עשוי לגזור את גורלם של ילדי היום.

ביטויים גלובליים

- **אפריקה** - אלי משפחה, נבואות, כישוף דורי, קורבנות דם.
- **אסיה** - פולחן אבות, קשרי גלגול נשמות, שרשראות קארמה.
- **אמריקה הלטינית** - סנטריה, מזבחות מוות, שבועות דם שאמאניות.
- **אירופה** - הבונים החופשיים, שורשים פגאניים, בריתות שושלת.
- **צפון אמריקה** - ירושות העידן החדש, שושלת הבונים החופשיים, חפצים נסתרים.

הקללה נמשכת עד שמישהו קם ואומר, "לא עוד!"

עדות עמוקה יותר - ריפוי מהשורשים

אישה ממערב אפריקה, לאחר שקראה את *"מעלות גדולות 14"* , הבינה שההפלות הכרוניות והייסורים הבלתי מוסברים שלה קשורים לתפקידו של סבה ככומר במקדש. היא קיבלה את ישו לפני שנים אך מעולם לא התמודדה עם הבריתות המשפחתיות.

לאחר שלושה ימים של תפילה וצום, היא התבקשה להשמיד נכסי ירושה מסוימים ולזנוח בריתות באמצעות גלטים ג' 13. באותו חודש ממש היא הרתה וילדה במועד מלא. כיום, היא מובילה אחרים בשירות ריפוי וגאולה.

אדם אחר באמריקה הלטינית, מהספר *" ניצל מכוח החושך"* , מצא חופש לאחר שוויתר על קללת הבונים החופשיים שהועברה בסתר מסבו רבא. כשהחל ליישם

פסוקים כמו ישעיהו מ"ט: 24-26 ולעסוק בתפילות גאולה, ייסוריו הנפשיים פסקו והשלום חזר לביתו.

סיפורים אלה אינם צירופי מקרים - הם עדויות לאמת בפעולה.

תוכנית פעולה – מלאי משפחתי

1. רשמו את כל האמונות, המנהגים וההשתייכויות המשפחתיות הידועות - אגודות דתיות, מיסטיות או סודיות.
2. בקשו מאלוהים גילוי של מזבחות ובריתות נסתרות.
3. השמידו והשליכו בתפילה כל חפץ הקשור לעבודת אלילים או למנהגים נסתרים.
4. צאו כפי המונחית והשתמשו בכתובים שלהלן כדי לפרוץ דרך משפטית:
   ◦ ויקרא כו: 40-42
   ◦ ישעיהו מ"ט: 24-26
   ◦ גלטים ג': 13

דיון קבוצתי ויישום

• אילו מנהגים משפחתיים נפוצים מתעלמים מהם לעתים קרובות כמזיקים אך עלולים להיות מסוכנים מבחינה רוחנית?
• בקשו מחברים לשתף באופן אנונימי (במידת הצורך) כל חלום, חפץ או מחזור חוזר בשושלת הדם שלהם.
• תפילת ויתור קבוצתית - כל אדם יכול לומר את שם המשפחה או הנושא עליו מוותרים.

כלי שירות: הביאו שמן משחה. הציעו סעודת לחם הקודש. הובילו את הקבוצה בתפילת ברית של החלפה - הקדשת כל שושלת משפחתית למשיח.

תובנה מרכזית
לידה מחדש מצילה את רוחך. שבירת בריתות משפחתיות משמרת את ייעודך.

יומן רפלקציה

• מה עובר לי במשפחה? מה צריך להיפסק איתי?
• האם יש פריטים, שמות או מסורות בבית שלי שצריכים להיעלם?
• אילו דלתות פתחו אבותיי שאני צריך לסגור עכשיו?

תפילת שחרור

אדוני ישוע, אני מודה לך על דמך שמדבר דברים טובים יותר. היום אני מתנער מכל מזבח נסתר, ברית משפחתית וכל עבודות תורשתית. אני שובר את שלשלאות שושלת דמי ומכריז שאני בריאה חדשה. חיי, משפחתי וגורלי שייכים כעת לך בלבד. בשם ישוע. אמן.

יום 2: פלישות חלומות - כאשר הלילה הופך לשדה קרב

ב" *עוד האנשים ישנים, בא אויבו וזרע עשב בין החיטים, והלך לדרכו."* - מתי י"ג:25

עבור רבים, המלחמה הרוחנית הגדולה ביותר לא מתרחשת בזמן ערות - היא מתרחשת בזמן שהם ישנים.

חלומות אינם רק פעילות מוחית אקראית. הם פורטלים רוחניים שדרכם מוחלפים אזהרות, התקפות, בריתות וגורלות. האויב משתמש בשינה כשדה קרב שקט כדי לזרוע פחד, תאווה, בלבול ועיכוב - והכל ללא התנגדות משום שרוב האנשים אינם מודעים למלחמה.

ביטויים גלובליים

- **אפריקה** - בני זוג רוחניים, נחשים, אכילה בחלומות, תחפושות.
- **אסיה** - מפגשים בין אבות קדמונים, חלומות מוות, ייסורים קארמתיים.
- **אמריקה הלטינית** - שדים חייתיים, צללים, שיתוק שינה.
- **צפון אמריקה** - הקרנה אסטרלית, חלומות חייזרים, שחזורי טראומה.
- **אירופה** - ביטויים גותיים, שדי מין (אינקובוס/סוקובוס), התפרקויות נשמות.

אם השטן יכול לשלוט בחלומותיך, הוא יכול להשפיע על גורלך.

עדות – מאימת לילה לשלום

אישה צעירה מבריטניה שלחה אימייל לאחר שקראה את הספר *"אקס-שטני: חילופי ג'יימס"* . היא סיפרה כיצד במשך שנים היא סבלה מחלומות על רדיפה, נשיכה על ידי כלבים או שינה עם גברים זרים - שתמיד אחריה נסיגות בחיים האמיתיים. מערכות היחסים שלה נכשלו, הזדמנויות עבודה התפוגגו, והיא הייתה מותשת כל הזמן.

באמצעות צום ולימוד פסוקים כמו איוב ל"ג:14-18, היא גילתה שאלוהים מדבר לעתים קרובות דרך חלומות - אבל כך גם האויב. היא החלה למשוח את ראשה בשמן, לדחות חלומות רעים בקול רם עם היקיצה, ולנהל יומן חלומות. בהדרגה, חלומותיה

הפכו ברורים ושלווים. כיום, היא מובילה קבוצת תמיכה לנשים צעירות הסובלות מהתקפי חלומות.

איש עסקים ניגרי, לאחר שהאזין לעדות ביוטיוב, הבין שחלומו לקבל אוכל בכל לילה קשור לכישוף. בכל פעם שקיבל את האוכל בחלומו, דברים השתבשו בעסק שלו. הוא למד לדחות את האוכל מיד בחלום, להתפלל בלשונות לפני השינה, וכעת רואה במקום זאת אסטרטגיות ואזהרות אלוהיות.

תוכנית פעולה - חיזוק משמרות הלילה שלך

1. **לפני השינה:** קראו את פסוקים בקול רם. התפללו. משחו את ראשכם בשמן.
2. **יומן חלומות:** רשמו כל חלום שחלמתם עליו לאחר היקיצה - טוב או רע. בקשו מרוח הקודש פירוש.
3. **דחה והתנערות:** אם החלום כרוך בפעילות מינית, קרובי משפחה מתים, אכילה או שעבוד - וותר עליו מיד בתפילה.
4. **מלחמת כתבי הקודש:**
   ◦ תהילים ד':ח' - שינה שלווה
   ◦ איוב ל"ג: 14–18 - אלוהים מדבר דרך חלומות
   ◦ מתי י"ג: 25 - אויב זורע עשב
   ◦ ישעיהו נד: 17 - לא נוצר נגדך נשק

בקשת קבוצה

• שתפו חלומות אחרונים בעילום שם. תנו לקבוצה להבחין בדפוסים ובמשמעויות.
• למדו את החברים כיצד לדחות חלומות רעים בעל פה ולחתום חלומות טובים בתפילה.
• הצהרת קבוצה: "אנו אוסרים על עסקאות דמוניות בחלומותינו, בשם ישוע!"

כלי משרד:

• הביאו נייר ועטים לרישום חלומות.
• הדגימה כיצד למשוח את הבית והמיטה.
• הצע את הקודש כחותם ברית ללילה.

תובנה מרכזית

חלומות הם או שערים למפגשים אלוהיים או מלכודות דמוניות. הבחנה היא המפתח.

יומן רפלקציה

- אילו סוגי חלומות חוויתי באופן עקבי?
- האם אני מקדיש זמן להרהור על החלומות שלי?
- האם החלומות שלי הזהירו אותי מפני משהו שהתעלמתי ממנו?

תפילת משמר הלילה

אבא, אני מקדיש את חלומותיי לך. אל תניח לשום כוח רע להשליך לתוך שנתי. אני דוחה כל ברית דמונית, טומאה מינית או מניפולציה בחלומותיי. אני מקבל ביקור אלוהי, הדרכה שמימית והגנה מלאכית בזמן שאני ישן. יהי לילותיי מלאים בשלום, התגלות וכוח. בשם ישוע, אמן.

יום 3: בני זוג רוחניים - איחודים טמאים הקושרים גורלות

כ"י עושיך בעלך, יהוה צבאות שמו..." - ישעיהו נ"ד, ה
"וַיִּזְבְּחוּ אֶת בְּנֵיהֶם וְאֶת בְּנוֹתֵיהֶם לַשֵּׁדִים" - תהילים ק"ו, ל"ז

בעוד שרבים זועקים לפריצת דרך בחיי הנישואין, מה שהם לא מבינים הוא שהם כבר נמצאים **בנישואין רוחניים** - כאלה שמעולם לא הסכימו להם.

אלו הן **בריתות שנוצרות באמצעות חלומות, התעללות מינית, טקסי דם, פורנוגרפיה, שבועות אבות קדמונים או העברה דמונית** . בן/בת הזוג הרוחני - אינקובוס (זכר) או סוקובוס (נקבה) - מקבל/ת זכות חוקית על גופו/האדם, על האינטימיות ועל עתידו/עתידו, ולעתים קרובות חוסם/ת מערכות יחסים, הורס/ת בתים, גורם/ת להפלות ומזין/ת התמכרויות.

ביטויים גלובליים

- **אפריקה** - רוחות ים (מאמי וואטה), נשות/בעלים רוחניים מממלכות מים.
- **אסיה** - נישואים שמימיים, קללות קארמתיות של נפש תאומה, בני זוג בגלגול נשמות.
- **אירופה** - איחודי כישוף, אוהבי דמונים משורשים של הבונים החופשיים או הדרואידים.
- **אמריקה הלטינית** - נישואי סנטריה, לחשי אהבה, "נישואי רוחות" מבוססי ברית.
- **צפון אמריקה** - פורטלים רוחניים המושרים על ידי פורנוגרפיה, רוחות מין מהעידן החדש, חטיפות חייזרים כביטויים של מפגשים עם אינקובוס.

סיפורים אמיתיים - המאבק על חופש נישואין

טולו, ניגריה

טולו הייתה בת 32 ורווקה. בכל פעם שהתארסה, הגבר היה נעלם לפתע. היא חלמה כל הזמן להתחתן בטקסים מפוארים. בספר " *מנצלים גדולים יותר 14"* , היא זיהתה שהמקרה שלה תאם עדות שהועלתה שם. היא עברה צום של שלושה ימים

ותפילות מלחמה ליליות בחצות, ניתקה קשרי נשמה וגירשה את הרוח הימית שגבתה אותה. כיום, היא נשואה ומייעצת לאחרים.

לינה, הפיליפינים

לינה הרגישה לעתים קרובות "נוכחות" שוכבת איתה בלילה. היא חשבה שהיא מדמיינת דברים עד שחבורות החלו להופיע על רגליה וירכיה ללא הסבר. הכומר שלה זיהה בן זוג רוחני. היא הודתה בעבר על הפלה והתמכרות לפורנוגרפיה, ולאחר מכן עברה גאולה. כעת היא עוזרת לנשים צעירות לזהות דפוסים דומים בקהילה שלה.

תוכנית פעולה – שבירת הברית

1. **התוודו** וחזור בתשובה על חטאי מין, קשרי נשמה, חשיפה נסתרת או טקסי אבות קדמונים.
2. **דחו** את כל הנישואין הרוחניים בתפילה - בשמם, אם יתגלה.
3. **צום** במשך 3 ימים (או לפי ההנחיות) עם ישעיהו נד ותהילים י"ח כפסוקים מרכזיים.
4. **השמד** אסימונים פיזיים: טבעות, בגדים או מתנות הקשורות לאוהבים מהעבר או לשיוך נסתרי.
5. **הכריזו בקול רם** :

אני לא נשוי לאף רוח. אני כרוך בברית עם ישוע המשיח. אני דוחה כל איחוד שטני בגופי, בנשמתי וברוחי!

כלי כתבי הקודש

- ישעיהו נד:4-8 – אלוהים כבעלך האמיתי
- תהילים יח - שבירת כבלי המוות
- קורינתים א' ו':15–20 – גופכם שייך לאדון
- הושע ב':6-8 – הפרת בריתות רשע

בקשת קבוצה

- שאלו את חברי הקבוצה: האם אי פעם חלמתם על חתונות, יחסי מין עם זרים או דמויות אפלות בלילה?
- להוביל קבוצת ויתור על בני זוג רוחניים.
- משחק תפקידים של "בית משפט לגירושין בגן עדן" - כל משתתף מגיש בקשה רוחנית לגירושין בפני אלוהים בתפילה.
- השתמשו בשמן משחה על הראש, הבטן והרגליים כסמלים של ניקוי,

רבייה ותנועה.

תובנה מרכזית
נישואים דמוניים הם אמיתיים. אבל אין איחוד רוחני שלא ניתן לשבור אותו על ידי דמו של ישוע.

יומן רפלקציה

• האם היו לי חלומות חוזרים על נישואין או סקס?
• האם ישנם דפוסים של דחייה, עיכוב או הפלה בחיי?
• האם אני מוכן/ה למסור לחלוטין את גופי, מיניותי ועתידי לאלוהים?

תפילת גאולה
אבי שבשמיים, אני מתחרט על כל חטא מיני, ידוע או לא ידוע. אני דוחה ומתנער מכל בן/בת זוג רוחני, רוח ימית או נישואין נסתרים התובעים את חיי. בכוחו של דמו של ישוע, אני שובר/ת כל ברית, זרע חלום וקשר נשמה. אני מכריז/ה שאני כלת המשיח, מופרד/ת לתפארתו. אני מהלכת חופשייה, בשם ישוע. אמן.

יום 4: חפצים מקוללים – דלתות מטמאות

"לֹא תָבִיא תוֹעֵבָה אֶל־בֵּיתֶךָ פֶּן־תִּהְיֶה חֵרֶם כָּמֹהוּ" - דברים ז', כ"ו

ערך נסתר שרבים מתעלמים ממנו

לא כל חפץ הוא סתם חפץ. יש דברים הנושאים היסטוריה. אחרים נושאים רוחות. חפצים מקוללים אינם רק אלילים או חפצים - הם יכולים להיות ספרים, תכשיטים, פסלים, סמלים, מתנות, בגדים, או אפילו חפצי ירושה שהוקדשו בעבר לכוחות האופל. מה שנמצא על המדף שלך, על פרק כף היד שלך, על הקיר שלך - עשוי להיות נקודת הכניסה לעניינים בחייך.

תצפיות גלובליות

- **אפריקה**: קלבשים, קמעות וצמידים הקשורים למכשפות או לפולחן אבות.
- **אסיה**: קמעות, פסלי גלגל המזלות ומזכרות ממקדשים.
- **אמריקה הלטינית**: שרשראות סנטריה, בובות, נרות עם כיתוב על רוח.
- **צפון אמריקה**: קלפי טארוט, לוחות סיאנס, לוכדי חלומות, מזכרות אימה.
- **אירופה**: שרידים פגאניים, ספרי נסתר, אביזרים בנושא מכשפות.

זוג באירופה חווה מחלה פתאומית ודיכוי רוחני לאחר שחזרו מחופשה בבאלי. מבלי לדעת, הם קנו פסל מגולף שהוקדש לאל ים מקומי. לאחר תפילה והרהור, הם הסירו את הפריט ושרפו אותו. השלום שב מיד.

אישה נוספת מעדויות "הניצולים הגדולים" דיווחה על סיוטים בלתי מוסברים, עד שהתגלה ששרשרת שקיבלה דודתה במתנה הייתה למעשה מכשיר ניטור רוחני שהוקדש במקדש.

אתה לא רק מנקה את הבית שלך פיזית - אתה חייב לנקות אותו גם מבחינה רוחנית.

עדות: "הבובה שצפתה בי"

לורדס ואלדיביה, שאת סיפורה חקרנו קודם לכן מדרום אמריקה, קיבלה פעם בובת חרסינה במהלך חגיגה משפחתית. אמה קידשה אותה בטקס נסתר. מהלילה

בו הובאה לחדרה, לורדס החלה לשמוע קולות, לחוות שיתוק שינה ולראות דמויות בלילה.

רק לאחר שחברה נוצרייה התפללה איתה ורוח הקודש גילתה את מקור הבובה, היא נפטרה ממנה. מיד, הנוכחות הדמונית עזבה. זה התחיל את התעוררותה - מדיכוי לגאולה.

תוכנית פעולה – ביקורת בית ולב

1. **לך בכל חדר** בביתך עם שמן משיחה ודבר האל.
2. **בקשו מרוח הקודש** להדגיש חפצים או מתנות שאינם מאלוהים.
3. **לשרוף או להשליך** חפצים הקשורים לנסתר, לעבודת אלילים או לחוסר מוסריות.
4. **סגרו את כל הדלתות** עם פסוקים כמו:
   - *דברים ז׳:כ״ו*
   - *מעשי השליחים 19:19*
   - *קורינתים ב׳ ו׳:16–18*

דיון והפעלה קבוצתיים

- שתפו בכל פריט או מתנה שהיו לכם בעבר שהיו לכם השפעות יוצאות דופן על חייכם.
- צרו יחד "רשימת בדיקה לניקיון הבית".
- הקצו לשותפים להתפלל דרך סביבות הבית של זה (באישור).
- הזמן כומר גאולה מקומי להוביל תפילה נבואית לניקוי הבית.

כלים לשירות: שמן משיחה, מוזיקת פולחן, שקיות אשפה (להשלכה אמיתית) ומיכל חסין אש לפריטים שיש להשמיד.

תובנה מרכזית

מה שאתם מאפשרים במרחב שלכם יכול להעניק אישור לרוחות בחייכם.

יומן רפלקציה

- אילו פריטים בבית או בארון שלי מקורות רוחניים לא ברורים?
- האם נאחזתי במשהו בגלל ערך סנטימנטלי שאני צריך עכשיו לשחרר?
- האם אני מוכן לקדש את המרחב שלי עבור רוח הקודש?

תפילת טהרה

אדון ישוע, אני מזמין את רוח הקודש שלך לחשוף כל דבר בביתי שאינו ממך. אני מוותר על כל חפץ, מתנה או פריט מקולל שהיה קשור לחושך. אני מכריז על ביתי כאדמת קדושה. תן לשלומך ולטוהרתך לשכון כאן. בשם ישוע. אמן.

יום 5: קסומים ומרומים - להשתחרר מרוח הניבוי

"זה אנשים האלה הם משרתיו של האל העליון, המבשרים לנו את דרך הישועה."
- מעשי השליחים ט"ז 17.

אבל פאולוס, נרגז מאוד, פנה ואמר לרוח: 'אני מצווה עליך בשם ישוע המשיח לצאת ממנה.' והוא יצא באותה שעה." *- מעשי השליחים ט"ז 18*

ישנו קו דק בין נבואה לבין ניבוי עתידות - ורבים כיום חוצים אותו מבלי לדעת כלל.

מנביאי יוטיוב שגובים תשלום עבור "מילים אישיות", ועד קוראי טארוט ברשתות החברתיות המצטטים כתבי קודש, העולם הפך לשוק של רעש רוחני. ולמרבה הצער, מאמינים רבים שותים מבלי דעת מנחלים מזוהמים.

רוח **הניבוי** מחקה את רוח הקודש. היא מחמיאה, מפתה, מתמרנת רגשות ולוכדת את קורבנותיה ברשת של שליטה. מטרתה? **לסבך, להונות ולשעבד מבחינה רוחנית.**

ביטויים גלובליים של ניבוי עתידות

- **אפריקה** - נביאים, כוהני איפא, מדיומים של רוחות מים, הונאה נבואית.
- **אסיה** - קוראי כף יד, אסטרולוגים, רואי אבות, "נביאי" גלגול נשמות.
- **אמריקה הלטינית** - נביאי סנטריה, יוצרי לחשים, קדושים בעלי כוחות אפלים.
- **אירופה** – קלפי טארוט, ראיית חוש, מעגלי מדיום, תקשור ניו אייג'.
- **צפון אמריקה** - מדיומים "נוצריים", נומרולוגיה בכנסיות, קלפי מלאכים, מדריכים רוחניים במסווה של רוח הקודש.

מה שמסוכן הוא לא רק מה שהם אומרים - אלא הרוח **שמאחורי** זה.

עדות: מראיה עתידית למשיח

אישה אמריקאית העידה ביוטיוב כיצד עברה מלהיות "נביאה נוצרייה" להבנה שהיא פועלת תחת רוח של ניבוי עתידות. היא החלה לראות חזיונות בבירור, לתת

דברי נבואה מפורטים ולמשוך קהל גדול לרשת. אך היא גם נאבקה בדיכאון, סיוטים ושמעה קולות לוחשים לאחר כל מפגש.

יום אחד, בזמן שצפתה בהדרכה על *מעשי השליחים ט"ז* , נפלה הקשקשים. היא הבינה שמעולם לא נכנעה לרוח הקודש - רק למתנה שלה. לאחר חרטה עמוקה וגאולה, היא השמידה את כרטיסי המלאכים שלה ואת יומן הצום המלא בטקסים. כיום, היא מטיפה לישוע, לא עוד "מילים".

תוכנית פעולה – בדיקת הרוחות

1. שאלו: האם מילה/מתנה זו מושכת אותי אל **ישוע** , או אל **האדם** שנותן אותה?
2. בחנו כל רוח בעזרת *יוחנן א' ד':1-3*.
3. התחרט על כל מעורבות בפרקטיקות נבואיות על-חושיות, נסתרות או מזויפות.
4. נתק את כל קשרי הנשמה עם נביאי שקר, מגידי עתידות או מדריכי כישוף (אפילו באינטרנט).
5. להכריז באומץ לב:

"אני דוחה כל רוח שקר. אני שייך לישוע בלבד. אוזניי מכוונות לקולו!"

בקשת קבוצה

- דיון: האם אי פעם הלכתם אחר נביא או מדריך רוחני שהתברר מאוחר יותר כשקרי?
- תרגיל קבוצתי: להוביל את החברים לוותר על פרקטיקות ספציפיות כמו אסטרולוגיה, קריאות נשמה, משחקי על-טבעיים או משפיענים רוחניים שאינם מושרשים במשיח.
- הזמינו את רוח הקודש: הקדישו 10 דקות לשקט והקשבה. לאחר מכן שתפו את מה שאלוהים מגלה – אם בכלל.
- צריבה או מחיקה של פריטים דיגיטליים/פיזיים הקשורים לניבוי עתידות, כולל ספרים, אפליקציות, סרטונים או הערות.

כלי שירות:

שמן לגאולה, צלב (סמל לכניעה), פח/דלי להשלכת פריטים סמליים, מוזיקת פולחן שבמרכזה רוח הקודש.

תובנה מרכזית

לא כל דבר על טבעי הוא מאלוהים. נבואה אמיתית נובעת מאינטימיות עם ישו, לא ממניפולציה או מהצגה.

יומן רפלקציה

•האם אי פעם נמשכתי לפרקטיקות רוחניות על-חושיות או מניפולטיביות?
•האם אני מכור יותר ל"מילים" מאשר לדבר אלוהים?
•לאילו קולות נתתי גישה שעכשיו צריך להשתיק?

תפילת גאולה

אבא, אני יוצא מתוך הסכמה עם כל רוח של ניחוש, מניפולציה ונבואה מזויפת. אני מתחרט על שחיפשתי הכוונה ללא קולך. נקה את דעתי, את נשמתי ואת רוחי. למד אותי ללכת ברוחך בלבד. אני סוגר כל דלת שפתחתי בפני הנסתר, ביודעין או שלא ביודעין. אני מצהיר שישוע הוא רועי, ואני שומע רק את קולו. בשם ישוע האדיר, אמן.

יום 6: שערי העין – סגירת שערי החושך

"העין היא נר הגוף. אם עיניך בריאות, כל גופך יהיה אור."
- *מתי ו':22*

"לא אשים רשע לנגד עיני..." - *תהילים ק"א:3*

בעולם הרוחני, **עיניכם הן שערים.** מה שנכנס דרך עיניכם משפיע על נשמתכם - לטוהר או לזיהום. האויב יודע זאת. זו הסיבה שמדיה, תמונות, פורנוגרפיה, סרטי אימה, סמלים נסתרים, טרנדים אופנתיים ותוכן מפתה הפכו לשדות קרב.

המלחמה על תשומת הלב שלך היא מלחמה על הנשמה שלך.

מה שרבים מחשיבים כ"בידור לא מזיק" הוא לעתים קרובות הזמנה מוצפנת - לתאווה, פחד, מניפולציה, גאווה, יהירות, מרד או אפילו התקשרות דמונית.

שערי חושך חזותי גלובליים

- **אפריקה** - סרטי פולחן, נושאים של נוליווד שמנרמלים כישוף ופוליגמיה.
- **אסיה** - אנימה ומנגה עם פורטלים רוחניים, רוחות מפתות, מסעות אסטרליים.
- **אירופה** - אופנה גותית, סרטי אימה, אובססיות לערפדים, אמנות שטנית.
- **אמריקה הלטינית** - טלנובלות המהללות כישוף, קללות ונקמה.
- **צפון אמריקה** - מדיה מיינסטרים, קליפים, פורנוגרפיה, סרטונים מצוירים דמוניים "חמודים".

מה שאתה מביט בו באופן עקבי, אתה הופך להיות חסר רגישות כלפיו.

סיפור: "הקריקטורה שקיללה את ילדי"

אם מארה"ב שמה לב שבנה בן ה-5 החל לצרוח בלילה ולצייר תמונות מטרידות. לאחר התפילה, רוח הקודש הצביעה אותה על סרט מצויר שבנה צפה בו בסתר - סרט מלא בכישופים, רוחות מדברות וסמלים שלא שמה לב אליהם.

היא מחקה את התוכניות ושימשה את ביתה ואת המסכים. לאחר מספר לילות של תפילת חצות ותהילים צ"א, ההתקפים פסקו, והילד החל לישון בשלווה. כעת היא מובילה קבוצת תמיכה המסייעת להורים לשמור על שערי הראייה של ילדיהם.

תוכנית פעולה – טיהור שער העין

1. בצעו **ביקורת מדיה**: במה אתם צופים? קוראים? גוללים?
2. בטלו מנויים או פלטפורמות שמזינות את בשרם במקום את אמונתכם.
3. משחו את עיניכם ומסכיכם, והכריזו תהילים ק"א, ג'.
4. החליפו זבל במידע אלוהי - סרטים דוקומנטריים, פולחן, בידור טהור.
5. לְהַכְרִיז:

"לא אשים דבר נבלה לנגד עיני. חזוני שייך לאלוהים."

בקשת קבוצה

• אתגר: 7 ימים של שער עיניים מהיר - ללא מדיה רעילה, ללא גלילה במצב סרק.
• שתף: איזה תוכן רוח הקודש אמרה לך להפסיק לצפות בו?
• תרגיל: הניחו ידיים על עיניכם והתנערו מכל טומאה דרך ראייה (למשל, פורנוגרפיה, אימה, יהירות).
• פעילות: הזמינו חברים למחוק אפליקציות, לשרוף ספרים או להשליך פריטים שפוגעים בראייה שלהם.

כלים: שמן זית, אפליקציות אחריות, שומרי מסך של כתבי הקודש, כרטיסי תפילה עם שער עיניים.

תובנה מרכזית
אינך יכול להתנהג תחת סמכות על שדים אם אתה מתבדר על ידם.

יומן רפלקציה

• במה אני מאכיל את עיניי שאולי מאכילות את החושך בחיי?
• מתי בכיתי לאחרונה על מה ששובר את ליבו של אלוהים?
• האם נתתי לרוח הקודש שליטה מלאה על זמן המסך שלי?

תפילת טוהר

אדון ישוע, אני מבקש שדמך ישטוף את עיניי. סלח לי על הדברים שהכנסתי דרך המסכים, הספרים והדמיון שלי. היום, אני מצהיר שעיניי נועדו לאור, לא לחושך. אני דוחה כל תמונה, תאווה והשפעה שלא ממך. טהר את נשמתי. שמור על מבטי. ותן לי לראות את מה שאתה רואה - בקדושה ובאמת. אמן.

יום 7: הכוח שמאחורי שמות - ויתור על זהויות טמאות

"ויקרא יעבז אל אלוהי ישראל לאמר, 'מי ייתן תברכני...' וייתן לו אלוהים את אשר בקש."

- דברי הימים א' ד', י'

"לא תיקרא עוד אברם כי אם אברהם..." - בראשית י"ז, ה'

שמות אינם רק תוויות - הם הצהרות רוחניות. בכתבי הקודש, שמות שיקפו לעתים קרובות גורל, אישיות או אפילו שעבוד. לתת שם למשהו פירושו לתת לו זהות וכיוון. האויב מבין זאת - זו הסיבה שאנשים רבים לכודים מבלי דעת תחת שמות שניתנו בבורות, כאב או שעבוד רוחני.

כשם שאלוהים שינה שמות (אברם לאברהם, יעקב לישראל, שרי לשרה), הוא עדיין משנה גורלות על ידי שינוי שם עמו.

הקשרים גלובליים של שעבוד שמות

- **אפריקה** - ילדים הנקראים על שם אבות קדמונים או אלילים ("אוגבנג'ה", "דיק", " איפונאניה " הקשורים למשמעויות).
- **אסיה** - שמות גלגול נשמות הקשורים למחזורים קארמתיים או לאלוהויות.
- **אירופה** - שמות השורשים במורשת פגאנית או מכשפה (למשל, פרייה, תור, מרלין).
- **אמריקה הלטינית** - שמות בהשפעת סנטריה, במיוחד באמצעות טבילות רוחניות.
- **צפון אמריקה** - שמות הלקוחים מתרבות הפופ, תנועות מרד או הקדשות אבות קדמונים.

שמות חשובים - והם יכולים לשאת כוח, ברכה או שעבוד.

סיפור: "למה הייתי צריך לשנות את שם הבת שלי"

בספר *"מנצלים גדולים יותר 14"* , זוג ניגרי קרא לבתם "אמאקה", שמשמעותה "יפה", אך היא סבלה ממחלה נדירה שהטרידה את הרופאים. במהלך ועידה נבואית,

האם קיבלה התגלות: השם שימש בעבר את סבתה, רופאת אליל, שרוחה תבעה כעת את הילדה.

הם שינו את שמה ל"אולואטאמילור " (אלוהים בירך אותי), ולאחר מכן קיימו צום ותפילות. הילדה החלימה לחלוטין.

מקרה נוסף מהודו כלל אדם בשם "קארמה", שנאבק בקללות דוריות. לאחר שוויתר על קשריו ההינדיים ושינה את שמו ל"ג'ונתן", הוא החל לחוות פריצת דרך כלכלית ובריאותית.

תוכנית פעולה - חקירת שמך

1. חקרו את המשמעות המלאה של שמכם - שם פרטי, שם אמצעי, שם משפחה.
2. שאלו הורים או זקנים מדוע נתנו לכם שמות אלה.
3. ויתור על משמעויות רוחניות שליליות או הקדשות בתפילה.
4. הכריזו על זהותכם האלוהית במשיח:

"אני נקרא בשם אלוהים. שמי החדש כתוב בשמים (התגלות ב' 17)."

מעורבות קבוצתית

- שאלו את החברים: מה פירוש שמכם? האם חלמתם על שמכם?
- ערכו "תפילת שם" - הצהרה נבואית על זהותו של כל אדם.
- הניח ידיים על אלה שצריכים להשתחרר משמות הקשורים לבריתות או לעבדות אבות קדמונים.

כלים: הדפיסו כרטיסי משמעות של שם, הביאו שמן משחה, השתמשו בפסוקים של שינויי שמות.

תובנה מרכזית

אי אפשר ללכת בזהות האמיתית שלך ועדיין לענות לזהות בדויה.

יומן רפלקציה

- מה משמעות השם שלי - מבחינה רוחנית ותרבותית?
- האם אני מרגיש/ה מתיישב/ת עם השם שלי או בסתירה איתו?
- איזה שם קוראים לי השמיים?

תפילת שינוי שם

אבא, בשם ישוע, אני מודה לך שנתת לי זהות חדשה במשיח. אני שובר כל קללה, ברית או קשר שטני הקשורים לשמותיי. אני מוותר על כל שם שאינו תואם את רצונך. אני מקבל את השם והזהות שהשמיים נתנו לי - מלאים בעוצמה, מטרה וטוהר. בשם ישוע, אמן.

יום 8: חשיפת אור כוזב - מלכודות העידן החדש והונאות מלאכיות

״אין פלא! כי השטן עצמו מתהפך למלאך אור." - קורינתים ב' י"א 14
"אהובים, אל תאמינו לכל רוח, אלא בחנו את הרוחות כדי לראות אם מאלוהים הן..." - יוחנן א' ד' 1

לא כל מה שזוהר הוא אלוהים.

בעולם של ימינו, מספר הולך וגדל של אנשים מחפשים "אור", "ריפוי" ו"אנרגיה" מחוץ לדבר אלוהים. הם פונים למדיטציה, מזבחות יוגה, הפעלות עין שלישית, זימון אבות קדמונים, קריאות טארוט, טקסי ירח, תקשור מלאכי ואפילו מיסטיקה שנשמעת נוצרית. ההונאה חזקה משום שהיא מגיעה לעתים קרובות עם שלווה, יופי ועוצמה - בהתחלה.

אבל מאחורי התנועות הללו עומדות רוחות של ניבוי עתידות, נבואות שווא ואלוהויות עתיקות העוטות את מסכת האור כדי לקבל גישה חוקית לנשמותיהם של אנשים.

טווח עולמי של אור כוזב

- **צפון אמריקה** - קריסטלים, ניקוי מרווה, חוק המשיכה, מדיומים, קודי אור זרים.
- **אירופה** - פגאניזם שעבר מיתוג מחדש, פולחן אלות, כישוף לבן, פסטיבלים רוחניים.
- **אמריקה הלטינית** - סנטריה מעורבבת עם קדושים קתולים, מרפאים ספיריטיסטים (קורנדרוס).
- **אפריקה** - זיופים נבואיים באמצעות מזבחות מלאכים ומים פולחניים.
- **אסיה** - צ'אקרות, יוגה "הארה", ייעוץ גלגול נשמות, רוחות מקדש.

פרקטיקות אלה אולי מציעות "אור" זמני, אך הן מחשיכות את הנשמה עם הזמן.

עדות: גאולה מהאור שרימה

מ"מנצלים *גדולים יותר 14"* , מרסי (בריטניה) השתתפה בסדנאות מלאכים ותרגלה מדיטציה "נוצרית" עם קטורת, קריסטלים וקלפי מלאכים. היא האמינה שהיא ניגשת לאור האל, אך עד מהרה החלה לשמוע קולות במהלך שנתה ולחוש פחד בלתי מוסבר בלילה.

גאולתה החלה כאשר מישהו נתן לה במתנה *את" החלפת ג'יימס"* , והיא הבינה את הדמיון בין חוויותיה לבין אלו של שטן לשעבר שדיבר על הטעיות מלאכיות. היא חזרה בתשובה, השמידה את כל החפצים הנסתרים, ונכנעה לתפילות גאולה מלאות.

כיום, היא מעידה באומץ נגד הטעיה של העידן החדש בכנסיות ועוזרת לאחרים לוותר על דרכים דומות.

תוכנית פעולה – בדיקת הרוחות

1.**ערכו רשימה של המנהגים והאמונות שלכם** - האם הם תואמים את כתבי הקודש או שהם פשוט רוחניים.
2.**ויתרו והשמידו** את כל חומרי האור השקרי: קריסטלים, מדריכי יוגה, קלפי מלאכים, לוכדי חלומות וכו'.
3.**התפללו תהילים קי"ט:ק"ה** - בקשו מאלוהים להפוך את דברו לאור היחיד שלכם.
4.**הכריזו מלחמה על הבלבול** - כבלו רוחות מוכרות וגילויים כוזבים.

בקשת קבוצה

- **דיון** : האם אתה או מישהו שאתה מכיר נמשכת לפרקטיקות "רוחניות" שלא התמקדו בישוע?
- **משחק תפקידים - אבחנה** : קראו קטעים של אמרות "רוחניות" (למשל, "סמוך על היקום") והשוו אותן לכתבי הקודש.
- **מפגש משיחה וגאולה** : *שבירת מזבחות לאור כוזב והחלפתם בברית לאור העולם* (יוחנן ח':12).

כלי משרד :

- הביאו פריטים אמיתיים מהעידן החדש (או תמונות שלהם) להוראה באמצעות עצמים.
- התפללו לתפילת גאולה מפני רוחות מוכרות (ראו מעשי השליחים ט"ז:

(16-18).

תובנה מרכזית

הנשק המסוכן ביותר של השטן אינו חושך - הוא אור מזויף.

יומן רפלקציה

- האם פתחתי דלתות רוחניות באמצעות תורות "אור" שאינן מושרשת בכתבי הקודש?
- האם אני בוטח ברוח הקודש או באינטואיציה ובאנרגיה?
- האם אני מוכן לוותר על כל צורות של רוחניות כוזבת למען אמת האל?

תפילת ויתור

אבא , אני מתחרט על כל דרך שבה בידרתי או התמודדתי עם אור כוזב. אני מתנער מכל צורות של ניו אייג', כישוף ורוחניות מטעה. אני שובר כל קשר נשמה למתחזים מלאכים, מדריכים רוחניים והתגלויות כוזבות. אני מקבל את ישוע, האור האמיתי של העולם. אני מצהיר שלא אעקוב אחר שום קול מלבד שלך, בשם ישוע. אמן.

יום 9: מזבח הדם - בריתות הדורשות חיים

"*ויבנו את במות בעל... להעביר את בניהם ואת בנותיהם באש למולך.*" - ירמיהו לב:לה.

"*וניצחוהו בדם השה ובדבר עדותם...*" - התגלות י"ב:יא"

ישנם מזבחות שלא רק מבקשים את תשומת לבך - הם דורשים את דמך.

מימי קדם ועד ימינו, בריתות דם היו חלק מרכזי בממלכת החושך. חלקן נכרתות ביודעין באמצעות כישוף, הפלות, רציחות פולחניות או חניכות נסתרות. אחרות עוברות בתורשה דרך מנהגים של אבות קדמונים או מצטרפות מבלי דעת דרך בורות רוחנית.

בכל מקום בו נשפך דם חף מפשע - בין אם במקדשים, בחדרי שינה או בחדרי ישיבות - מזבח שטני מדבר.

מזבחות אלה גובים חיים, מקצרים גורלות ויוצרים בסיס חוקי למחלת דמונית.

מזבחות הדם העולמיים

- **אפריקה** - רציחות פולחניות, טקסי כסף, קורבנות ילדים, בריתות דם בלידה.
- **אסיה** - קורבנות דם במקדש, קללות משפחתיות באמצעות הפלות או שבועות מלחמה.
- **אמריקה הלטינית** - קורבנות בעלי חיים בסנטריה, מנחות דם לרוחות המתים.
- **צפון אמריקה** - אידיאולוגיה של הפלה כסקרמנט, אחוות שבועת דם דמוניות.
- **אירופה** - טקסי דרואידים ובונים חופשיים עתיקים, מזבחות שפיכות דמים מתקופת מלחמת העולם השנייה עדיין לא התחרטו.

בריתות אלה, אלא אם כן יופרו, ממשיכות לגבות חיים, לעתים קרובות במחזורים.

סיפור אמיתי: הקרבתו של אב

בספר "*גאולה מכוח החושך*", אישה ממרכז אפריקה גילתה במהלך מפגש גאולה שהמפגשים התכופים שלה עם המוות קשורים לשבועת דם שאביה נשבע. הוא הבטיח לה את חייה בתמורה לעושר לאחר שנים של עקרות.

לאחר מות אביה, היא החלה לראות צללים ולחוות תאונות כמעט קטלניות בכל שנה ביום הולדתה. פריצת הדרך שלה הגיעה כאשר הובילה אותה להכריז על תהילים קי"ח, 17 - "*לא אמות כי אם אחיה*..." - על עצמה מדי יום, ולאחר מכן סדרה של תפילות ויתור וצום. כיום, היא מובילה משרד הפגנות רב עוצמה.

סיפור נוסף מתוך "*מעשים גדולים יותר*" 14 מתאר אדם באמריקה הלטינית שהשתתף בחניכה של כנופיה שכללה שפיכת דם. שנים לאחר מכן, אפילו לאחר שקיבל את ישו, חייו היו בסערה מתמדת - עד שהפר את ברית הדם באמצעות צום ממושך, וידוי פומבי וטבילה במים. העינויים פסקו.

תוכנית פעולה – השתקת מזבחות הדם

1. **התחרטו** על כל הפלה, ברית דם נסתר או שפיכות דמים תורשתית.
2. **ויתרו על** כל ברית הדם הידועה והלא ידועה בקול רם בשמה.
3. **צום במשך 3 ימים** עם אכילת לחם הקודש מדי יום, והכרזה על דמו של ישוע ככיסוי חוקי שלך.
4. **הכריזו בקול רם** :

"*בדם ישוע, אני מפר כל ברית דם שנכרתה בשמי. אני נגאל!*"

בקשת קבוצה

- דנו בהבדל בין קשרי דם טבעיים לבריתות דם דמוניות.
- השתמשו בסרט/חוט אדום כדי לייצג מזבחות דם, ובמספריים כדי לגזור אותם בצורה נבואית.
- הזמן עדות ממישהו שהשתחרר מעבדות הקשורות בדם.

כלי משרד :

- אלמנטים של הקודש
- שמן משחה
- הצהרות גאולה
- חזותי של שבירת מזבח לאור נרות במידת האפשר

תובנה מרכזית

השטן סוחר בדם. ישוע שילם יותר מדי עבור חירותך עם שלו.

יומן רפלקציה

- האם אני או משפחתי השתתפתי במשהו שכרוך בשפיכות דמים או שבועות?
- האם ישנם מקרי מוות חוזרים, הפלות או דפוסים אלימים בשושלת הדם שלי?
- האם בטחתי לחלוטין בדם של ישוע שידבר בקול רם יותר על חיי?

תפילת גאולה

אדון ישוע , אני מודה לך על דמך היקר, אשר מדבר דברים טובים יותר מדם הבל. אני מתחרט על כל ברית דם שאני או אבותיי כרתנו, ביודעין או שלא ביודעין. אני מתכחש להן כעת. אני מצהיר שאני מכוסה בדם השה. יהי רצון שכל מזבח שטני הדורש את חיי יושתק וינופץ. אני חי כי מתת למעני. בשם ישוע, אמן.

יום 10: עקרה ושברון - כאשר הרחם הופך לשדה קרב

ל"*א תפיל ולא תהיה עקרה בארצך; אמלא את מספר ימיך.*" - שמות כ"ג, כו
"*יתן לעקרה משפחה, יתן לה אם שמחה. הלל את ה'!*" - תהילים קי"ג, 9

אי פוריות היא יותר מאשר בעיה רפואית. היא יכולה להיות מעוז רוחני המושרש בקרבות רגשיים עמוקים, אבותיים ואפילו טריטוריאליים.

ברחבי מדינות שונות, עקרות משמשת את האויב כדי לבייש, לבודד ולהרוס נשים ומשפחות. בעוד שחלק מהסיבות הן פיזיולוגיות, רבות מהן רוחניות עמוקות - קשורות למזבחות דוריות, קללות, בני זוג רוחניים, גורלות שהופרדו או פצעי נשמה. מאחורי כל רחם לא פורה, גן עדן טומן בחובו הבטחה. אך לעתים קרובות ישנה מלחמה שיש לנהל לפני ההתעברות - ברחם וברוח.

דפוסים גלובליים של עקרות

- **אפריקה** - מקושרת לפוליגמיה, קללות אבות, בריתות מקדשים וילדים רוחניים.
- **אסיה** - אמונות קארמה, נדרים מגלגולים קודמים, קללות דוריות, תרבות בושה.
- **אמריקה הלטינית** - סגירת רחם הנגרמת על ידי כישוף, לחשי קנאה.
- **אירופה** - תלות יתר בהפריה חוץ גופית, הקרבת ילדים בבונים החופשיים, אשמה על רקע הפלה.
- **צפון אמריקה** - טראומה רגשית, פצעי נשמה, מחזורי הפלה, תרופות משנות הורמונים.

סיפורים אמיתיים - מדמעות ועדויות

(מריה מבוליביה (אמריקה הלטינית)

מריה עברה 5 הפלות. בכל פעם, היא הייתה חולמת על תינוק בוכה ולמחרת בבוקר לראות דם. הרופאים לא יכלו להסביר את מצבה. לאחר שקראה עדות ב"מנצלים גדולים יותר" , היא הבינה שירשה מזבח משפחתי של עקרות מסבתא שהקדישה את כל רחמי הנשים לאל מקומי.

היא צמה וקראה את תהילים קי"ג במשך 14 יום. הכומר שלה הוביל אותה לשבור את הברית באמצעות סעודת הקודש. תשעה חודשים לאחר מכן, היא ילדה תאומים.

נגוזי מניגריה (אפריקה)

נגוזי הייתה נשואה במשך 10 שנים ללא ילדים. במהלך תפילות גאולה, התגלה שהיא נישאה בעולם הרוחות לבעל ימי. בכל מחזור ביוץ, היו לה חלומות מיניים. לאחר סדרה של תפילות מלחמה בחצות, ומעשה נבואי של שריפת טבעת הנישואין שלה מחניכה נסתרת קודמת, רחמה נפתח.

תוכנית פעולה – פתיחת הרחם

1. **זהה את השורש** - אבותי, רגשי, זוגי או רפואי.
2. **לחזור בתשובה על הפלות קודמות** , קשרי נשמה, חטאים מיניים ומסירות נסתרות.
3. **משח את רחמך מדי יום** תוך כדי הכרזה על שמות כ"ג 26 ותהילים קי"ג.
4. **צום 3 ימים** , וערוך לחם הקודש מדי יום, ודחה את כל המזבחות הקשורים לרחם שלך.
5. **דבר בקול רם** :

רחמי מבורך. אני דוחה כל ברית של עקרות. אהר ואלד עד למועד מלא בכוח רוח הקודש!

בקשת קבוצה

- הזמינו נשים (וזוגות) לחלוק את נטל העיכוב במרחב בטוח ותפילה.
- השתמשו בצעיפים או בבגדים אדומים הקשורים סביב המותניים - ולאחר מכן התירו אותם באופן נבואי כסימן לחופש.
- הובל טקס "מתן שם" נבואי - הכריז על ילדים שטרם נולדו באמונה .
- שברו קללות מילוליות, בושה תרבותית ושנאה עצמית במעגלי תפילה.

כלי משרד:

- שמן זית (למשח רחם)
- שִׁתּוּף
- מעילים/צעיפים (המסמלים כיסוי וחידוש)

תובנה מרכזית

עקרוּת אינה הסוף - זוהי קריאה למלחמה, לאמונה ולשיקום. עיכובו של אלוהים אינו הכחשה.

יומן רפלקציה

- אילו פצעים רגשיים או רוחניים קשורים לרחם שלי?
- האם נתתי לבושה או למרירות להחליף את תקוותי?
- האם אני מוכן להתעמת עם שורש הבעיה באמונה ובפעולה?

תפילת ריפוי והתעברות

אבא , אני עומד על דברך שאומר שאף אחד לא יהיה עקר בארץ. אני דוחה כל שקר, מזבח ורוח שנועדו לחסום את פוריותי. אני סולח לעצמי ולאחרים שדיברו רע על גופי. אני מקבל ריפוי, שיקום וחיים. אני מכריז שרחמי פורה ושמחתי מלאה. בשם ישוע. אמן.

יום 11: הפרעות אוטואימוניות ועייפות כרונית - המלחמה הבלתי נראית מבפנים

"בית המחולק על עצמו לא יעמוד." - מתי י"ב 25

"לחלשים נותן כוח ולחסרי כוח מרבה כוח." - ישעיהו מ' 29

מחלות אוטואימוניות הן מחלות בהן הגוף תוקף את עצמו - תוך שהוא טועה לחשוב שתאיו שלו הם אויבים. זאבת, דלקת מפרקים שגרונית, טרשת נפוצה, השימוטו ואחרות נופלות תחת קבוצה זו.

תסמונת עייפות כרונית (CFS), פיברומיאלגיה והפרעות תשישות בלתי מוסברות אחרות חופפות לעיתים קרובות למאבקים אוטואימוניים. אך מעבר לביולוגי, רבים הסובלים מכך נושאים טראומה רגשית, פצעי נפש ונטל רוחני.

הגוף זועק - לא רק לתרופות, אלא לשלום. רבים נמצאים במלחמה פנימית.

הצצה עולמית

- **אפריקה** - עלייה באבחונים אוטואימוניים הקשורים לטראומה, זיהום ולחץ.
- **אסיה** - שיעורים גבוהים של הפרעות בבלוטת התריס הקשורים לדיכוי אבות קדמונים ולתרבות בושה.
- **אירופה ואמריקה** - מגיפת עייפות כרונית ושחיקה כתוצאה מתרבות מונחית ביצועים.
- **אמריקה הלטינית** - סובלים לעיתים קרובות מאובחנים באופן שגוי; סטיגמה והתקפות רוחניות באמצעות פיצול נשמות או קללות.

שורשים רוחניים נסתרים

- **שנאה עצמית או בושה** - תחושה של "לא מספיק טוב".
- **חוסר סליחה כלפי עצמי או אחרים** - מערכת החיסון מחקה את המצב הרוחני.
- **אבל או בגידה לא מעובדים** - פותחים את הדלת לעייפות הנשמה

ולקריסת הגוף.

• **חיצי כישוף או קנאה** - משמשים לניקוז כוח רוחני ופיזי.

סיפורים אמיתיים - קרבות שנערכו בחושך

אלנה מספרד

אובחנה כחולת זאבת לאחר מערכת יחסים ארוכה ופוגעת בה רגשית. בטיפול ובתפילה התגלה שהיא הפנימה שנאה, מתוך אמונה שהיא חסרת ערך. כשהחלה לסלוח לעצמה ולהתמודד עם פצעי הנשמה בעזרת כתבי הקודש, ההתלקחויות שלה פחתו באופן דרסטי. היא מעידה על כוח הריפוי של הדבר ועל ניקוי הנשמה.

ג'יימס מארה"ב

לאחר 20 שנות לחץ בלתי פוסק. CFS-ג'יימס, מנהל תאגידי נמרץ, התמוטט מ במהלך הגאולה, נחשף שקללה דורית של השתדלות ללא מנוחה פקדה את הגברים במשפחתו. הוא נכנס לתקופת שבת, תפילה ווידוי, וגילה שיקום לא רק של בריאותו, אלא גם של זהותו.

תוכנית פעולה - ריפוי הנשמה ומערכת החיסון

1. **התפללו בקול רם את תהילים ק"ג:1-5** בכל בוקר - במיוחד פסוקים ג'-5.
2. **רשום את האמונות הפנימיות שלך** - מה אתה אומר לעצמך? שברו את השקרים.
3. **סלחו עמוקות** - במיוחד לעצמכם.
4. **קחו את לחם הקודש** כדי לאפס את ברית הגוף - ראו ישעיהו נג.
5. **נוחו באלוהים** - שבת אינה בחירה, זוהי מלחמה רוחנית נגד שחיקה.

אני מצהיר שגופי אינו אויבי. כל תא בי יתיישר עם הסדר והשלום האלוהיים. אני מקבל את כוחו וריפויו של אלוהים.

בקשת קבוצה

- בקשו מחברים לשתף דפוסי עייפות או תשישות רגשית שהם מסתירים.
- בצעו תרגיל "פינוי נשמה" - רשמו משאות, ואז שרפו או קברו אותם באופן סמלי.
- הניח ידיים על אלו הסובלים מתסמינים אוטואימוניים; פקד על איזון ושלום.
- עודדו רישום של 7 ימים ביומן של טריגרים רגשיים וכתבי קודש מרפאים.

כלי משרד:

- שמנים אתריים או משחה ריחנית לרענון
- יומנים או פנקסים
- פסקול מדיטציה של תהילים כ"ג

תובנה מרכזית

מה שתוקף את הנשמה מתבטא לעתים קרובות בגוף. ריפוי חייב לזרום מבפנים החוצה.

יומן רפלקציה

- האם אני מרגיש/ה בטוח/ה בגוף ובמחשבות שלי?
- האם אני נושא בושה או אשמה מכישלונות או טראומות מהעבר?
- מה אני יכול לעשות כדי להתחיל לכבד מנוחה ושלווה כפרקטיקות רוחניות?

תפילת שיקום

אדון ישוע , אתה מרפאי. היום אני דוחה כל שקר שאני שבור, מלוכלך או נידון לכישלון. אני סולח לעצמי ולאחרים. אני מברך כל תא בגופי. אני מקבל שלווה בנשמתי ומערכת חיסונית מוכנה. בזכות פסעייך נרפאתי. אמן.

יום 12: אפילפסיה וייסורים נפשיים - כאשר הנפש הופכת לשדה קרב

"אדוני, רחם על בני, כי חולה נפש הוא ומצוטער מאוד, כי פעמים רבות הוא נופל באש ולעתים קרובות במים." - מתי י"ז 15

לא נתן לנו אלוהים רוח פחד, כי אם רוח גבורה ואהבה ודעת צלולה." - טימותיאוס" ב' א' 7.

חלק מהייסורים אינם רק רפואיים - הם שדות קרב רוחניים במסווה של מחלה.

אפילפסיה, התקפים, סכיזופרניה, אפיזודות דו-קוטביות ודפוסי ייסורים נפשיים נובעים לעיתים קרובות משורשים בלתי נראים. בעוד שלתרופות יש מקום, ההבחנה היא קריטית: בתיאורים מקראיים רבים, התקפים והתקפים נפשיים היו תוצאה של דיכוי שטני.

החברה המודרנית מטפלת במה שישוע לעתים קרובות *גירש*.

מציאות גלובלית

- **אפריקה** - התקפים מיוחסים לעתים קרובות לקללות או לרוחות אבות קדמונים.
- **אסיה** - חולי אפילפטיקה לעיתים קרובות מוסתרים עקב בושה וסטיגמה רוחנית.
- **אמריקה הלטינית** - סכיזופרניה מקושרת לכישוף דורי או קריאות שבוטלו.
- **אירופה וצפון אמריקה** - אבחון יתר ותרופות יתר לרוב מסוות גורמים שטניים.

סיפורים אמיתיים - גאולה באש

מוסא מצפון ניגריה

מוסא סבל מהתקפי אפילפסיה מאז ילדותו. משפחתו ניסתה הכל - החל מרופאים מקומיים ועד תפילות בכנסייה. יום אחד, במהלך טקס גאולה, גילה הרוח שסבו של מוסא הציע לו תרומה לכישוף. לאחר שהפר את הברית ומשח אותו, הוא מעולם לא חווה התקף נוסף.

דניאל מפרו

דניאל, שאובחן עם הפרעה דו-קוטבית, נאבק בחלומות וקולות אלימים. מאוחר יותר גילה שאביו היה מעורב בטקסים שטניים סודיים בהרים. תפילות גאולה וצום של שלושה ימים הביאו צלילות. הקולות פסקו. כיום, דניאל רגוע, משוחזר ומתכונן לשירות.

סימנים שכדאי לשים לב אליהם

- אירועים חוזרים ונשנים של התקפים ללא סיבה נוירולוגית ידועה.
- קולות, הזיות, מחשבות אלימות או אובדניות.
- אובדן זמן או זיכרון, פחד בלתי מוסבר או התקפים פיזיים במהלך תפילה.
- דפוסים משפחתיים של אי שפיות או התאבדות.

תוכנית פעולה – לקיחת סמכות על התודעה

1. **לחזור בתשובה מכל הקשרים הנסתרים הידועים, הטראומה או הקללות.**
2. **הניחו ידיכם על ראשכם יום יום והצהירו על שכלכם בריא** (**טימותיאוס ב' א'**:7).
3. **צמו והתפללו על רוחות מחייבות.**
4. **הפר שבועות אבות, הקדשות או קללות שושלת.**
5. **אם אפשר, הצטרפו לשותף תפילה חזק או לצוות גאולה.**

אני דוחה כל רוח של ייסורים, התקף ובלבול. אני מקבל שכל בריא ורגשות יציבים בשם ישוע!

משרד קבוצתי וריישום

- זיהוי דפוסים משפחתיים של מחלות נפש או התקפים.
- התפללו על הסובלים - מרחו שמן משחה על המצח.
- בקשו מהמתפללים להסתובב בחדר ולהכריז "שקט, דוממה!" (מרקוס

(39:'ד

• הזמינו את הנפגעים להפר הסכמים מילוליים: "אני לא משוגע. אני נרפא ושלם."

כלי משרד:

• שמן משחה
• כרטיסי הצהרת ריפוי
• מוזיקת פולחן המשרתת שלום וזהות

תובנה מרכזית

לא כל מצוקה היא רק פיזית. חלקה נובעת מבריתות עתיקות ובעילות משפטיות דמוניות שיש לטפל בהן מבחינה רוחנית.

יומן רפלקציה

• האם אי פעם התייסרתי במחשבותיי או בשנתי?
• האם יש טראומות שלא נרפאו או דלתות רוחניות שעליי לסגור?
• איזו אמת אוכל להכריז מדי יום כדי לעגן את דעתי בדבר אלוהים?

תפילת תקינות

אדון ישוע , אתה משקם את דעתי. אני מוותר על כל ברית, טראומה או רוח דמונית התוקפת את מוחי, רגשותיי וצלילותי. אני מקבל ריפוי ודעת שיקול דעת. אני גוזר שאחיה ולא אמות. אתפקד במלוא עוצמתי, בשם ישוע. אמן.

יום 13: רוח הפחד - שבירת כלוב העינויים הבלתי נראים

"כי לא נתן לנו אלוהים רוח של פחד, כי אם של כוח, של אהבה, של שכל צלול." - טימותיאוס ב' א' 7.

"הפחד מביא עינויים..." - יוחנן א' ד' 18.

פחד הוא לא רק רגש - הוא יכול להיות *רוח*.
הוא לוחש כישלון לפני שמתחילים. הוא מעצים דחייה. הוא משתק מטרה. הוא משתק אומות.

רבים נמצאים בבתי כלא בלתי נראים שנבנו על ידי פחד: פחד ממוות, כישלון, עוני, אנשים, מחלה, מלחמה רוחנית ומהלא נודע.

מאחורי התקפי חרדה רבים, הפרעות פאניקה ופוביות לא רציונליות מסתתרת משימה רוחנית שנשלחה **לנטרל גורלות**.

ביטויים גלובליים

- **אפריקה** - פחד מושרש בקללות דוריות, נקמה של אבות קדמונים או תגובת נגד של כישוף.
- **אסיה** - בושה תרבותית, פחד קארמתי, חרדות גלגול נשמות.
- **אמריקה הלטינית** - פחד מקללות, אגדות כפריות ונקמה רוחנית.
- **אירופה וצפון אמריקה** - חרדה נסתרת, הפרעות מאובחנות, פחד מעימות, הצלחה או דחייה - לעתים קרובות רוחניים אך מתויגים כפסיכולוגיים.

סיפורים אמיתיים - חשיפת המסכה של הרוח

שרה מקנדה

במשך שנים, שרה לא יכלה לישון בחושך. היא תמיד הרגישה נוכחות בחדר. הרופאים אבחנו זאת כחרדה, אך שום טיפול לא עזר. במהלך מפגש גאולה מקוון, התגלה שפחד ילדות פתח דלת לרוח מייסרת באמצעות סיוט וסרט אימה. היא התחרטה, ויתרה על הפחד וציוותה עליו ללכת. כעת היא ישנה בשקט.

אוצ'ה מניגריה

אוצ'ה נקרא להטיף, אך בכל פעם שעמד בפני אנשים, הוא קפא. הפחד היה לא טבעי - חנק, שיתוק. בתפילה, אלוהים הראה לו קללה שנאמרה על ידי מורה שלעג לקולו כילד. מילה זו יצרה שרשרת רוחנית. לאחר שנשברה, הוא החל להטיף באומץ לב.

תוכנית פעולה – התגברות על פחד

1. **התוודה על כל פחד בשמו**: "אני מוותר על פחד [_____] בשם ישוע."
2. **קראו בקול רם את תהילים כ"ז ואת ישעיהו מ"א מדי יום.**
3. **התפללו עד שהשלום יחליף את הפאניקה.**
4. **מהר מתקשורת מבוססת פחד** - סרטי אימה, חדשות, רכילות.
5. **הכריזו מדי יום**: "יש לי שכל שקול. איני עבד לפחד."

בקשת קבוצה – פריצת דרך קהילתית

- שאלו את חברי הקבוצה: איזה פחד שיתק אתכם הכי הרבה?
- התפצלו לקבוצות קטנות והובילו תפילות של **ויתור** והחלפה (למשל, פחד ← אומץ, חרדה ← ביטחון).
- בקשו מכל אדם לכתוב פחד ולשרוף אותו כמעשה נבואי.
- השתמשו בשמן *משחה* ובווידויים *מכתבי הקודש* זה על פני זה.

כלי משרד:

- שמן משחה
- כרטיסי הצהרת פסוקים
- שיר תפילה: "לא עוד עבדים" מאת בית אל

תובנה מרכזית

פחד נסבל הוא **אמונה מזוהמת**. אי אפשר להיות נועז ומפוחד בו זמנית - בחרו באומץ.

יומן רפלקציה

- איזה פחד נשאר איתי מילדות?
- כיצד פחד השפיע על ההחלטות שלי, על הבריאות שלי או על מערכות היחסים שלי?
- מה הייתי עושה אחרת אם הייתי חופשייה לחלוטין?

תפילת חופש מפחד

אבא , אני מתנער מרוח הפחד. אני סוגר כל דלת דרך טראומה, מילים או חטא שנתנו לפחד גישה. אני מקבל את רוח הכוח, האהבה והדעת הבריאה. אני מכריז על אומץ לב, שלום וניצחון בשם ישוע. לפחד אין עוד מקום בחיי. אמן.

יום 14: סימנים שטניים - מחיקת הסימן הטמא

"*מעתה ואילך אל יטרידני אותי איש, כי אני נושא בגופי את סימני האדון ישוע.*" - גלטים ו', 17.

"*וישמו את שמי על בני ישראל, ואני אברכם.*" - במדבר ו', 27.

גורלות רבים *מסומנים בשקט* בעולם הרוחני - לא על ידי אלוהים, אלא על ידי האויב.

סימנים שטניים אלה עשויים לבוא בצורת סימני גוף מוזרים, חלומות על קעקועים או סימני כתיבה, התעללות טראומטית, טקסי דם או מזבחות תורשתיים. חלקם בלתי נראים - ניתנים להבחנה רק באמצעות רגישות רוחנית - בעוד שאחרים מופיעים כסימנים פיזיים, קעקועים דמוניים, סימני כתיבה רוחניים או חולשות מתמשכות.

כאשר אדם מסומן על ידי האויב, הוא עלול לחוות:

- דחייה ושנאה מתמדת ללא סיבה.
- התקפות וחסימות רוחניות חוזרות ונשנות.
- מוות בטרם עת או משברים בריאותיים בגילאים מסוימים.
- להיות במעקב ברוח - תמיד גלוי לחושך.

סימנים אלה פועלים *כתגים חוקיים* , המעניקים לרוחות אפלות רשות לענות, לעכב או לפקח.

אבל דמו של ישוע **מטהר** וממתג **מחדש** .

ביטויים גלובליים

- **אפריקה** - סימנים שבטיים, חתכים פולחניים, צלקות חניכה נסתרות.
- **אסיה** - חותמות רוחניות, סמלי אבות, סימנים קארמתיים.
- **אמריקה הלטינית** - ברוג'ריה (כישוף) סימני חניכה, סימני לידה המשמשים בטקסים.
- **אירופה** - סמלי הבונים החופשיים, קעקועים הקוראים למדריכים רוחניים.
- **צפון אמריקה** - סמלי העידן החדש, קעקועים של התעללות פולחנית,

מיתוג שטני באמצעות בריתות נסתרות.

סיפורים אמיתיים – כוחו של מיתוג מחדש

דיוויד מאוגנדה

דוד התמודד ללא הרף עם דחייה. איש לא הצליח להסביר מדוע, למרות כישרונו. בתפילה, נביא ראה "X רוחני" על מצחו - סימן מטקס ילדות שביצע כומר בכפר. במהלך הגאולה, הסימן נמחק מבחינה רוחנית באמצעות שמן משחה והצהרות דם ישוע. חייו השתנו תוך שבועות - הוא התחתן, מצא עבודה והפך למנהיג נוער.

סנדרה מברזיל

לסנדרה היה קעקוע של דרקון כתוצאה מהמרד שלה בגיל ההתבגרות. לאחר שמסרה את חייה לישו, היא הבחינה בהתקפות רוחניות עזות בכל פעם שצמה או התפללה. הכומר שלה הבחין שהקעקוע הוא סמל דמוני שקשור לניטור רוחות. לאחר מפגש של חזרה בתשובה, תפילה וריפוי פנימי, היא הסירה את הקעקוע וניתקה את קשר הנשמה. סיוטיה פסקו מיד.

תוכנית פעולה - מחקו את הסימן

1. **בקשו מרוח הקודש** לחשוף כל סימן רוחני או פיזי בחייכם.
2. **התחרטו** על כל מעורבות אישית או תורשתית בטקסים שאפשרו זאת.
3. **מרח את דם ישוע** על גופך - מצח, ידיים ורגליים.
4. **נתק את רוחות המעקב, קשרי הנשמות והזכויות המשפטיות** הקשורות לסימנים מסחריים (ראה כתבי קודש למטה).
5. **הסירו קעקועים פיזיים או פריטים** (כפי שהובא) המקושרים לבריתות אפלות.

בקשת קבוצה – **מיתוג מחדש במשיח**

- שאלו את חברי הקבוצה: האם אי פעם היה לכם סימן חותם או חלמתם להיות ממותגים?
- הובל תפילה של **ניקוי והקדשה מחדש** למשיח.
- משחו את מצחכם בשמן והכריזו: *"עתה אתם נושאים את חותמו של האדון ישוע המשיח"*.
- נתק את רוחות המעקב וחיווט מחדש את זהותן במשיח.

כלי משרד:

- שמן זית (מבורך למשיחה)
- מראה או בד לבן (מעשה כביסה סמלי)
- קודש (חותם את הזהות החדשה)

תובנה מרכזית
מה שמסומן ברוח **נראה ברוח** - הסר את מה שהאויב השתמש בו כדי לתייג אותך.

יומן רפלקציה

- האם ראיתי אי פעם סימנים, חבורות או סמלים מוזרים על גופי ללא הסבר?
- האם ישנם חפצים, פירסינגים או קעקועים שעליי לוותר עליהם או להסירם?
- האם הקדשתי מחדש את גופי במלואו כמקדש של רוח הקודש?

תפילה של מיתוג מחדש

אדון ישוע, אני מוותר על כל סימן, ברית ומסירות שנעשו בגופי או ברוחי מחוץ לרצונך. בדמך, אני מוחק כל סימן שטני. אני מצהיר שאני מסומן עבור ישוע בלבד. תן לחותמתך להיות עליי, ותן לכל רוח עוקבת לאבד את עקבותיי כעת. איני עוד גלוי לחושך. אני צועד חופשי - בשם ישוע, אמן.

יום 15: ממלכת המראות - בריחה מכלא ההשתקפויות

"כי עכשיו אנחנו רואים דרך מראה, בחושך; אבל אז פנים אל פנים..." - קורינתים א' י"ג 12

"עיניים להם אך לא יכולים לראות, אוזניים אך לא יכולים לשמוע..." - תהילים קי"ו 5-6

ישנה **עולם מראה** בעולם הרוחות - מקום של זהויות מזויפות, מניפולציה רוחנית והשתקפויות אפלות. מה שרבים רואים בחלומות או בחזיונות עשוי להיות מראות שאינן מאלוהים, אלא כלי הטעיה מממלכת האופל.

בעולם הנסתר, מראות משמשות **ללכידת נשמות**, **לפקח על חיים או להעביר אישיויות**. בחלק מפגישות הגאולה, אנשים מדווחים שראו את עצמם "חיים" במקום אחר - בתוך מראה, על מסך או מאחורי צעיף רוחני. אלה אינן הזיות. לעתים קרובות מדובר בבתי כלא שטניים שנועדו:

- לפצל את הנשמה
- עיכוב הגורל
- לבלבל את הזהות
- מארחים צירי זמן רוחניים חלופיים

המטרה? ליצור *גרסה שקרית* של עצמך שחיה תחת שליטה דמונית בעוד שהאני האמיתי שלך חי בבלבול או בתבוסה.

ביטויים גלובליים

- **אפריקה** - כישוף מראה המשמש מכשפים לניטור, ללכוד או לתקוף.
- **אסיה** - שאמאנים משתמשים בקערות מים או באבנים מלוטשות כדי "לראות" ולזמן רוחות.
- **אירופה** - טקסי מראה שחורה, נקרומנסיה באמצעות השתקפויות.
- **אמריקה הלטינית** - חיפוש דרך מראות אובסידיאן במסורות האצטקיות.

• **צפון אמריקה** - פורטלי מראות של העידן החדש, התבוננות במראה למסעות אסטרליים.

עדות - "הנערה במראה"

מריה מהפיליפינים

למריה היו חלומות שהיא לכודה בחדר מלא מראות. בכל פעם שהתקדמה בחיים, היא ראתה גרסה של עצמה במראה שמושכת אותה אחורה. לילה אחד, במהלך הגאולה, היא צרחה ותיארה שראתה את עצמה "יוצאת מהמראה" אל החופש. הכומר שלה מרח את עיניה והוביל אותה לוותר על מניפולציות במראה. מאז, צלילותה הנפשית, עסקיה וחיי המשפחה שלה השתנו.

דיוויד מסקוטלנד.

דיוויד, שבעבר היה שקוע במדיטציית העידן החדש, תרגל "עבודת צל מראה". עם הזמן, הוא החל לשמוע קולות ולראות את עצמו עושה דברים שמעולם לא התכוון אליהם. לאחר שקיבל את ישוע המשיח, כומר גאולה ניתק את קשרי נשמת המראה והתפלל על תודעתו. דיוויד דיווח שהרגיש כמו "ערפל שהוסר" בפעם הראשונה מזה שנים.

תוכנית פעולה – שבירת כישוף המראה

1. **ויתרו על** כל מעורבות ידועה או לא ידועה במראות המשמשות מבחינה רוחנית.
2. **כסו את כל המראות בביתכם** בבד במהלך תפילה או צום (אם הובלו).
3. **משח את עיניך ומצחך** - הצהיר שאתה רואה כעת רק את מה שאלוהים רואה.
4. **השתמשו בכתובים** כדי להצהיר על זהותכם במשיח, לא בהרהור שווא:
   ◦ ישעיהו מ"ג:1
   ◦ קורינתים ב' ה':17
   ◦ יוחנן ח':36

בקשה קבוצתית - שחזור זהות

• שאלו: האם אי פעם חלמתם על מראות, כפילים או על כך שצופים בכם?
• הובל תפילה של שחזור זהות - הצהרת חופש מגרסאות שקריות של העצמי.

- הניחו ידיים על העיניים (באופן סמלי או בתפילה) והתפללו לבהירות הראייה.
- השתמשו במראה בקבוצה כדי להכריז באופן נבואי: "אני מי שאלוהים אומר שאני. שום דבר אחר."

כלי משרד:

- בד לבן (מכסה סמלים)
- שמן זית למשיחה
- מדריך להצהרת מראה נבואית

תובנה מרכזית
האויב אוהב לעוות את האופן שבו אתה רואה את עצמך - כי הזהות שלך היא נקודת הגישה שלך אל הגורל.
יומן רפלקציה

- האם האמנתי בשקרים לגבי מי שאני?
- האם אי פעם השתתפתי בטקסי מראה או שאפשרתי בלי ידיעתו כישוף מראה?
- מה אלוהים אומר על מי שאני?

תפילת חופש מעולם המראה
אבי שבשמיים, אני שובר כל ברית עם עולם המראה - כל השתקפות אפלה, כפיל רוחני וציר זמן מזויף. אני מתנער מכל הזהויות השקריות. אני מצהיר שאני מי שאתה אומר שאני. בדם ישוע, אני יוצא מכלא ההשתקפויות אל מלוא ייעודי. מהיום, אני רואה בעיני הרוח - באמת ובבהירות. בשם ישוע, אמן.

יום 16: שבירת קשר קללות המילים - לתבוע מחדש את שמך, את עתידך

"מ*וות וחיים ביד לשון..."* - משלי י"ח, כא
"כל כלי ייוצר עליך לא יצליח, וכל לשון אשר תקום עליך במשפט תרשיע..." - ישעיהו נ"ד, יז

מילים אינן רק צלילים - הן **מכלים רוחניים** , הנושאים כוח לברך או לקשר. אנשים רבים הולכים, מבלי דעת, תחת **משקל הקללות שנאמרות** עליהם על ידי הורים, מורים, מנהיגים רוחניים, מאהבים לשעבר, או אפילו פיהם שלהם.

יש כאלה שכבר שמעו את זה בעבר:

- "לעולם לא תגיע לשום דבר."
- "אתה בדיוק כמו אבא שלך - חסר תועלת."
- "כל דבר שאתה נוגע בו נכשל."
- "אם אני לא יכול לקבל אותך, אף אחד לא יקבל."
- "אתה מקולל... צפה ותראה."

מילים כאלה, שנאמרות בכעס, שנאה או פחד - במיוחד על ידי אדם בעל סמכות - עלולות להפוך למלכודת רוחנית. אפילו קללות שנאמרות על ידי עצמם כמו *"הלוואי ולא הייתי נולד"* או *"לעולם לא אתחתן"* יכולות להעניק לאויב עילה חוקית.

ביטויים גלובליים

- **אפריקה** - קללות שבטיות, קללות הורים על מרד, קללות בשוק.
- **אסיה** - הצהרות מילוליות המבוססות על קארמה, נדרים של אבות קדמונים הנאמרים על ילדים.
- **אמריקה הלטינית** - קללות ברוחריה (כישוף) מופעלות על ידי דיבור.
- **אירופה** - כשפים מדוברים, "נבואות" משפחתיות שמתגשמות מעצמן.
- **צפון אמריקה** - התעללות מילולית, קריאות נסתרות, הצהרות של שנאה עצמית.

בין אם נלחשות או צועקות, קללות הנאמרות ברגש ובאמונה נושאות משקל ברוח.

עדות - "כאשר אמי דיברה על מוות"

קיישה (ג'מייקה)

קיישה גדלה כששמעה את אמה אומרת: *"את הסיבה שחיי הרוסים"*. בכל יום הולדת, משהו רע היה קורה. בגיל 21, היא ניסתה להתאבד, משוכנעת שחייה חסרי ערך. במהלך טקס גאולה, שאל הכומר: *"מי דיבר מוות על חייך?"* היא נשברה. לאחר שוויתרה על המילים ושחררה סליחה, היא סוף סוף חוותה שמחה. כעת, היא מלמדת נערות צעירות כיצד לדבר חיים על עצמן.

אנדריי (רומניה)

המורה של אנדריי אמר פעם: *"תסיים בכלא או תמות לפני גיל 25"*. אמירה זו רדפה אותו. הוא נפל לפשע, ובגיל 24 נעצר. בכלא הוא פגש את ישו והבין את הקללה שאיתה הסכים. הוא כתב למורה מכתב סליחה, קרע כל שקר שנאמר עליו והחל לבטא את הבטחות האל. כעת הוא מוביל משרד הסברה לבתי כלא.

תוכנית פעולה - להפוך את הקללה

1. רשמו הצהרות שליליות שנאמרו עליכם - על ידי אחרים או על ידי עצמכם.
2. בתפילה, **וותר על כל מילת קללה** (אמור אותה בקול רם).
3. **שחררו סליחה** לאדם שאמר את הדברים.
4. **דבר את אמת אלוהים** על עצמך כדי להחליף את הקללה בברכה:
   - *ירמיהו כט:יא*
   - *דברים כח:יג*
   - *רומים ח':37*
   - *תהילים קל"ט:יד*

יישום קבוצתי – כוחן של מילים

- שאלו: אילו אמירות עיצבו את זהותכם - לטוב או לרע?
- בקבוצות, אמרו קללות בקול רם (ברגישות), ובמקומן ברכות.
- השתמשו בכרטיסיות כתבי קודש - כל אדם קורא בקול רם 3 אמיתות על זהותו.
- עודדו חברים להתחיל *צו ברכה בן 7 ימים* על עצמם.

כלי משרד:

- כרטיסי פלאש עם זהות כתבי קודש
- שמן זית למשוח פיות (קידוש נאום)
- הצהרות מראה - דברו אמת מעל השתקפותכם מדי יום

תובנה מרכזית
אם נאמרה קללה, ניתן לשבור אותה - וניתן לומר דברי חיים חדשים במקומם.
יומן רפלקציה

- מילותיו של מי עיצבו את זהותי?
- האם קיללתי את עצמי מתוך פחד, כעס או בושה?
- מה אלוהים אומר על עתידי?

תפילה לשבירת קללות מילוליות
אדון ישוע , אני מתנער מכל קללה שנאמרה על חיי - על ידי משפחה, חברים, מורים, אוהבים ואפילו על עצמי. אני סולח לכל קול שהכריז על כישלון, דחייה או מוות. אני שובר את כוחן של מילים אלה כעת, בשם ישוע. אני מדבר ברכה, חסד וגורל על חיי. אני מי שאתה אומר שאני - אהוב, נבחר, נרפא וחופשי. בשם ישוע. אמן.

יום 17: שחרור משליטה וממניפולציה

"כ*ישוף אינו תמיד גלימות וקדרות - לפעמים אלו מילים, רגשות ורצועות בלתי נראות."*

"כי מרידה כחטאת כשפים, ועקשנות כעוון ועבודת זרות".

שמואל א' ט"ו 23 -

כישוף לא נמצא רק במקדשים. לעתים קרובות הוא עוטה חיוך ומפעיל מניפולציות באמצעות אשמה, איומים, חנופה או פחד. התנ"ך משווה מרד - במיוחד מרד המפעיל שליטה לא-אלהית על אחרים - לכישוף. בכל פעם שאנו משתמשים בלחץ רגשי, פסיכולוגי או רוחני כדי לשלוט ברצונו של אחר, אנו הולכים בטריטוריה מסוכנת.

ביטויים גלובליים

- **אפריקה** - אמהות מקללות ילדים בכעס, אוהבים קושרים אחרים באמצעות "ג'וג'ו" או שיקויי אהבה, מנהיגים רוחניים מאיימים על חסידיהם.
- **אסיה** - שליטה של גורו על תלמידים, סחיטה הורית בנישואים מסודרים, מניפולציות על חוטי אנרגיה.
- **אירופה** - שבועות הבונים החופשיים השולטות בהתנהגות דורית, אשמה דתית ושליטה.
- **אמריקה הלטינית** - ברוחריה (כישוף) נהגה לשמור על בני זוג, סחיטה רגשית שמקורה בקללות משפחתיות.
- **צפון אמריקה** - הורות נרקיסיסטית, מנהיגות מניפולטיבית במסווה של "כיסוי רוחני", נבואה מבוססת פחד.

קול הכישוף לוחש לעתים קרובות: *"אם לא תעשה זאת, תאבד אותי, תאבד את חסדו של אלוהים, או תסבול"*.

אבל אהבה אמיתית לעולם לא עושה מניפולציות. קולו של אלוהים תמיד מביא שלום, בהירות וחופש בחירה.

סיפור אמיתי - שבירת הרצועה הבלתי נראית

גרייס מקנדה הייתה מעורבת עמוקות בשירות נבואי שבו המנהיג החל להכתיב עם מי היא יכולה לצאת, היכן היא יכולה לגור, ואפילו איך להתפלל. בהתחלה, זה הרגיש רוחני, אבל עם הזמן, היא הרגישה כמו אסירה של דעותיו. בכל פעם שניסתה לקבל החלטה עצמאית, נאמר לה שהיא "מורדת באלוהים". לאחר התמוטטות עצבים וקריאת "*מנצלים גדולים יותר 14*", היא הבינה שמדובר בכישוף כריזמטי - שליטה במסווה של נבואה.

גרייס ויתרה על קשר הנשמה שלה למנהיגה הרוחני, התחרטה על הסכמתה למניפולציה, והצטרפה לקהילה מקומית לריפוי. כיום, היא שלמה ועוזרת לאחרים לצאת מהתעללות דתית.

תוכנית פעולה - גילוי כישוף במערכות יחסים

1. שאלו את עצמכם: *האם אני מרגיש חופשי ליד האדם הזה, או מפחד לאכזב אותו?*
2. רשום מערכות יחסים בהן אשמה, איומים או חנופה משמשים ככלי שליטה.
3. ויתרו על כל קשר רגשי, רוחני או נשמה שגורם לכם להרגיש נשלטים או חסרי קול.
4. התפללו בקול רם כדי לשבור כל רצועה מניפולטיבית בחייכם.

כלי כתבי הקודש

- **שמואל א' ט"ו:כ"ג** – מרד וכישוף
- **גלטים ה' 1** – "עמדו איתן... אל תישארו שוב בעול עבדות."
- **קורינתים ב' ג':17** - "במקום בו רוח ה' נמצאת, שם חירות".
- **מיכה ג':5-7** – נביאי שקר המשתמשים בהפחדה ובשוחד

דיון קבוצתי ויישום

- שתפו (בעילום שם במידת הצורך) מקרה בו הרגשתם מניפולציה רוחנית או רגשית.
- בצעו תפילה של "אמירת אמת" - שחרור שליטה על אחרים והחזרת רצונכם.
- בקשו מחברים לכתוב מכתבים (אמיתיים או סמליים) בהם הם מנתקים קשרים עם דמויות שליטה ומכריזים על חירות במשיח.

כלי משרד:

- זוג שותפים לגאולה.
- השתמשו בשמן משחה כדי להכריז על חירות על פני התודעה והרצון.
- השתמשו באהדת כדי לחדש את הברית עם ישוע ככיסוי *האמיתי היחיד* .

תובנה מרכזית

במקום בו חיה מניפולציה, משגשגת כישוף. אבל במקום בו נמצאת רוח האל, יש חירות.

יומן רפלקציה

- למי או למה נתתי לשלוט בקול, ברצוני או בכיווני?
- האם אי פעם השתמשתי בפחד או בחנופה כדי להשיג את מבוקשי?
- אילו צעדים אעשה היום כדי ללכת בחירותו של ישו?

תפילת גאולה

אבי שבשמיים, אני מתנער מכל צורה של מניפולציה רגשית, רוחנית ופסיכולוגית הפועלת בתוכי או סביבי. אני מנתק כל קשר נשמה המושרש בפחד, אשמה ושליטה. אני משתחרר ממרד, שליטה והפחדה. אני מצהיר שרוחך בלבד מונחה אותי. אני מקבל את החסד ללכת באהבה, באמת ובחירות. בשם ישוע. אמן.

יום 18: שבירת כוחם של חוסר הסליחה והמרירות

ח" וסר סליחה הוא כמו לשתות רעל ולצפות שהאדם השני ימות."

"הִשְׁמְרוּ... שֶׁאֵין שֹׁרֶשׁ מָרוֹר לֹא יַצְמַל וְיִטְמֵא רַבִּים".

- עברים י"ב:15 -

מרירות היא הורסת שקטה. היא אולי מתחילה בכאב - בגידה, שקר, אובדן - אך כאשר היא אינה מטופלת, היא מתפתחת לחוסר סליחה, ולבסוף, לשורש שמרעיל הכל.

חוסר סליחה פותח את הדלת לרוחות מענות (מתי י"ח:34). הוא מעיב על יכולת ההבחנה, מעכב ריפוי, חונק את תפילותיך וחוסם את זרימת כוחו של אלוהים.

גאולה היא לא רק גירוש שדים - אלא שחרור מה שהחזקת בפנים.

ביטויים גלובליים של מרירות

- **אפריקה** - מלחמות שבטיות, אלימות פוליטית ובגידות משפחתיות עברו מדור לדור.
- **אסיה** - חוסר כבוד בין הורים לילדים, פצעים מבוססי קאסטות, בגידות דתיות.
- **אירופה** - שתיקה דורית על התעללות, מרירות על גירושין או בגידה.
- **אמריקה הלטינית** - פצעים ממוסדות מושחתים, דחיות משפחתיות, מניפולציה רוחנית.
- **צפון אמריקה** - פגיעה בכנסייה, טראומה גזעית, אבות נעדרים, אי צדק במקום העבודה.

מרירות לא תמיד צועקת. לפעמים, היא לוחשת, "לעולם לא אשכח מה הם עשו".

אבל אלוהים אומר: *תן לזה ללכת - לא בגלל שהם ראויים לזה, אלא בגלל* ***שאתה*** *ראוי לזה.*

סיפור אמיתי - האישה שלא סלחה

מריה מברזיל הייתה בת 45 כשהגיעה לראשונה לגאולה. בכל לילה היא חלמה על חנק. היו לה כיבים, לחץ דם גבוה ודיכאון. במהלך הפגישה התגלה שהיא טיפחה שנאה כלפי אביה שהתעלל בה כילדה - ומאוחר יותר נטש את המשפחה.

היא הפכה לנוצרייה, אך מעולם לא סלחה לו.

בזמן שבכתה ושחררה אותו לפני אלוהים, גופה התעוות - משהו נשבר. באותו לילה, היא ישנה בשלווה בפעם הראשונה מזה 20 שנה. חודשיים לאחר מכן, בריאותה החלה להשתפר באופן דרסטי. כעת היא משתפת את סיפורה כמאמנת ריפוי לנשים.

תוכנית פעולה - עקירת השורש המר

1. **תן שם** – כתוב את שמותיהם של אלה שפגעו בך – אפילו בעצמך או באלוהים (אם כעסת עליו בסתר).
2. **שחררו את זה** – אמרו בקול רם: *"אני בוחר לסלוח ל[שם] על [עבירה ספציפית]. אני משחרר אותם ומשחרר את עצמי."*
3. **שרוף את זה** – אם זה בטוח לעשות זאת, שרוף או גרוס את הנייר כמעשה נבואי של שחרור.
4. **התפללו ברכות** על אלו שפגעו בכם - גם אם רגשותיכם מתנגדים. זוהי לוחמה רוחנית.

כלי כתבי הקודש

- *מתי י"ח: 21-35* - משל העבד חסר הסלחנות
- *עברים יב:15* - שורשים מרים מטמאים רבים
- *מרקוס יא:25* - סלחו, כדי שתפילותיכם לא יפריעו
- *רומים י"ב: 19-21* – השאירו את הנקמה לאלוהים

בקשת קבוצה ושירות

- בקשו מכל אדם (באופן פרטי או בכתב) לציין מישהו שהוא מתקשה לסלוח לו.
- התפצלו לצוותי תפילה כדי לעבור על תהליך הסליחה באמצעות התפילה למטה.
- הובל "טקס שריפה" נבואי שבו עבירות כתובות מושמדות ומוחלפות

בהצהרות ריפוי.

כלי משרד:

• כרטיסי הצהרת סליחה
• מוזיקה אינסטרומנטלית רכה או פולחן סוחף
• שמן שמחה (למשיחה לאחר שחרור)

תובנה מרכזית

חוסר סליחה הוא שער שהאויב מנצל. סליחה היא חרב שחותכת את חוט השעבוד.

יומן רפלקציה

• למי אני צריך לסלוח היום?
• האם סלחתי לעצמי - או שאני מעניש את עצמי על טעויות העבר?
• האם אני מאמין שאלוהים יכול להשיב את מה שאיבדתי בבגידה או בעבירה?

תפילת שחרור

אדון ישוע, אני בא לפניך עם כאבי, כעסי וזיכרונותיי. אני בוחר היום - באמונה - לסלוח לכל מי שפגע בי, התעלל בי, בגד בי או דחה אותי. אני משחרר אותם. אני משחרר אותם משיפוט ואני משחרר את עצמי ממרירות. אני מבקש ממך לרפא כל פצע ולמלא אותי בשלוותך. בשם ישוע. אמן.

יום 19: ריפוי מבושה וגינוי

ב"ושה אומרת, 'אני רע'. גינוי אומר, 'לעולם לא אהיה חופשי'. אבל ישוע אומר, 'אתה שלי, ואני הפכתי אותך לחדש'."

"מביטים אליו זוהרים, פניהם לעולם לא יכסו בושה".

- תהילים ל"ד, ה'

בושה היא לא רק רגש - זוהי אסטרטגיה של האויב. זוהי הגלימה שהוא עוטף סביב אלו שנפלו, נכשלו או הופרו. היא אומרת, "אי אפשר להתקרב לאלוהים. אתה מלוכלך מדי. פגום מדי. אשם מדי."

אבל גינוי הוא **שקר** - כי במשיח **אין גינוי** (רומים ח':1).

אנשים רבים המחפשים גאולה נשארים תקועים משום שהם מאמינים **שאינם ראויים לחופש**. הם נושאים אשמה כמו תג ומנגנים מחדש את טעויותיהם הגרועות ביותר כמו תקליט שבור.

ישוע לא רק שילם על חטאיך - הוא שילם על חרפתך.

פנים גלובליות של בושה

- **אפריקה** - טאבו תרבותי סביב אונס, עקרות, היעדר ילדים או אי נישואין.
- **אסיה** - בושה המבוססת על חילול כבוד כתוצאה מציפיות משפחתיות או עריקה דתית.
- **אמריקה הלטינית** - אשמה כתוצאה מהפלות, מעורבות במחשבות נסתרות או חרפה משפחתית.
- **אירופה** - בושה נסתרת מחטאים סודיים, התעללות או מאבקים בבריאות הנפש.
- **צפון אמריקה** - בושה כתוצאה מהתמכרות, גירושין, פורנוגרפיה או בלבול זהות.

בושה משגשגת בשתיקה - אך גוועת לאור אהבת האל.

סיפור אמיתי - שם חדש לאחר הפלה

יסמין מארה"ב עברה שלוש הפלות לפני שהתגלתה כמשיח. למרות שניצלה, היא לא יכלה לסלוח לעצמה. כל יום האם הרגיש כמו קללה. כשאנשים דיברו על ילדים או הורות, היא הרגישה בלתי נראית - וגרוע מכך, לא ראויה.

במהלך ריטריט לנשים, היא שמעה מסר על ישעיהו ס"א - "במקום בושה, חלק כפול". היא בכתה. באותו לילה, היא כתבה מכתבים לילדיה שטרם נולדו, חזרה בתשובה שוב לפני ה', וקיבלה חזון של ישוע מוסר לה את שמותיה החדשים: *"אהובה"*, *"אם"*, *"משוחזרת"*.

כיום היא משרתת נשים לאחר הפלה ועוזרת להן לתבוע מחדש את זהותן במשיח.

תוכנית פעולה - צאו מהצללים

1. **תן שם לבושה** - כתוב ביומן מה הסתרת או מה הרגשת אשמה לגביו.
2. **הודו בשקר** – כתבו את ההאשמות שהאמנתם בהן (למשל, "אני מלוכלך", "אני נפסל").
3. **החלף באמת** – הכריז בקול רם את דבר אלוהים על עצמך (ראה כתובים למטה).
4. **פעולה נבואית** – כתבו את המילה "בושה" על פיסת נייר, קרעו או שרפו אותה. הכריזו: *"אני כבר לא מחויב לכך!"*

כלי כתבי הקודש

- *רומים ח':1-2* – אין גינוי במשיח
- *ישעיהו ס"א:ז'* - חלק כפול על בושה
- *תהילים לד:ה* – זוהר בפניו
- *עברים ד':16* – גישה נועזת לכס המלכות של אלוהים
- *צפניה ג': 19-20* - אלוהים יסיר בושה בין הגויים

בקשת קבוצה ושירות

- הזמינו את המשתתפים לכתוב הצהרות בושה אנונימיות (למשל, "עשיתי הפלה", "עברתי התעללות", "ביצעתי הונאה") ולהניח אותן בקופסה אטומה.
- קראו בקול רם את ישעיהו ס"א, לאחר מכן נשאו תפילה להחלפה - אבל במקום שמחה, אפר במקום יופי, בושה במקום כבוד.
- נגן מוזיקת פולחן המדגישה זהות במשיח.
- דבר דברי נבואה על אנשים שמוכנים לשחרר.

כלי משרד:

- כרטיסי הצהרת זהות
- שמן משחה
- פלייליסט של פולחן עם שירים כמו "You Say" (לורן דייגל), "No Longer", "Slaves" או "Who You Say I Am"

תובנה מרכזית

בושה היא גנבת. היא גונבת את קולך, את שמחתך ואת סמכותך. ישוע לא רק סלח לך על חטאיך - הוא ניתק את הבושה מכוחה.

יומן רפלקציה

- מהו הזיכרון המוקדם ביותר של בושה שאני יכול להיזכר בו?
- איזה שקר האמנתי על עצמי?
- האם אני מוכן לראות את עצמי כפי שאלוהים רואה אותי - נקי, זוהר ונבחר?

תפילה של ריפוי

אדון ישוע, אני מביא לך את חרפתי, את כאבי הנסתר ואת כל קול גינוי. אני מתחרט על כך שהסכמתי עם שקרי האויב לגבי מי שאני. אני בוחר להאמין במה שאתה אומר שאני נסלח, אהוב והתחדש. אני מקבל את גלימת הצדק שלך וצועד אל החופש. אני יוצא מהבושה אל כבודך. בשם ישוע, אמן.

יום 20: כישוף ביתי - כאשר החושך שוכן תחת אותה קורת גג

"*לא כל אויב נמצא בחוץ. לחלקם יש פנים מוכרות.*"

"אויביו של אדם יהיו בני ביתו."

- מתי י':36

חלק מהקרבות הרוחניים העזים ביותר אינם מתחוללים ביערות או במקדשים - אלא בחדרי שינה, מטבחים ומזבחות משפחתיים.

כישוף ביתי מתייחס לפעולות דמוניות שמקורן בתוך המשפחה - הורים, בני זוג, אחים ואחיות, צוות הבית או קרובי משפחה מורחבים - באמצעות קנאה, תרגול נסתרי, מזבחות אבות קדמונים או מניפולציה רוחנית ישירה.

גאולה הופכת למורכבת כאשר האנשים המעורבים הם **אלה שאנחנו אוהבים או חיים איתם.**

דוגמאות גלובליות לכישוף ביתי

- **אפריקה** - אם חורגת קנאית שולחת קללות דרך האוכל; אח מעורר רוחות נגד אח מצליח יותר.
- **הודו ונפאל** - אמהות מקדישות את ילדיהן לאלים בלידתן; מזבחות ביתיות משמשות לשליטה בגורלות.
- **אמריקה הלטינית** - ברוחריה או סנטריה המבוצעות בסתר על ידי קרובי משפחה כדי לתמרן בני זוג או ילדים.
- **אירופה** - הבונים החופשיים הנסתרים או שבועות נסתרות בקווי המשפחה; מסורות פסיכולוגיות או רוחניות שעברו מדור לדור.
- **צפון אמריקה** - הורים ויקניים או הורים בניו אייג' "מברכים" את ילדיהם בקריסטלים, ניקוי אנרגטי או טארוט.

כוחות אלה אולי מסתתרים מאחורי חיבה משפחתית, אך מטרתם היא שליטה, קיפאון, מחלה ושעבוד רוחני.

סיפור אמיתי - אבי, נביא הכפר

אישה ממערב אפריקה גדלה בבית שבו אביה היה נביא כפרי מוערך מאוד. בעיני זרים, הוא היה מדריך רוחני. מאחורי דלתיים סגורות, הוא טמן קמעות במתחם והקריב קורבנות למען משפחות המחפשות חסד או נקמה.

דפוסים מוזרים צצו בחייה: סיוטים חוזרים ונשנים, מערכות יחסים כושלות ומחלות בלתי מוסברות. כשהיא מסרה את חייה לישו, אביה פנה נגדה והכריז שלעולם לא תצליח בלעדיו. חייה הסתבכו במשך שנים.

לאחר חודשים של תפילות חצות וצום, רוח הקודש הובילה אותה לוותר על כל קשר נשמה עם גלימתו האוקולטית של אביה. היא קברה כתבי קודש בקירותיה, שרפה אסימונים ישנים, ומשחה את סף ביתה מדי יום. אט אט החלו פריצות דרך: בריאותה חזרה, חלומותיה התגשמו, והיא סוף סוף נישאה. כעת היא עוזרת לנשים אחרות המתמודדות עם מזבחות ביתיות.

תוכנית פעולה - התמודדות עם הרוח המוכרת

1.**הבחנה ללא חרפה** - בקש מאלוהים לגלות כוחות נסתרים ללא שנאה.
2.**שברו הסכמים נשמהיים** – ויתרו על כל קשר רוחני שנוצר באמצעות טקסים, מזבחות או שבועות מדוברות.
3.**נפרדות רוחנית** – גם אם גרים באותו בית, ניתן **להתנתק מבחינה רוחנית** באמצעות תפילה.
4.**קדש את חללך** – משח כל חדר, חפץ וסף בשמן ובכתובים.

כלי כתבי הקודש

- *מיכה ז׳:5-7* – אל תבטח ברעך
- *תהילים כ״ז, י׳* - "כי עזבני אבי ואמי..."
- *לוקס י״ד:26* – לאהוב את ישוע יותר מאשר את משפחתו
- *מלכים ב׳ יא:1-3* – גאולה נסתרת ממלכת אם רצחנית
- *ישעיהו נד:יז* – כל כלי יצירה לא יצליח

בקשת קבוצה

- שתפו חוויות בהן הגיעה התנגדות מתוך המשפחה.
- התפללו לחוכמה, אומץ ואהבה לנוכח התנגדות הבית.
- הובל תפילת ויתור מכל קשר נשמה או קללה מדוברת שנאמרה על ידי קרובי משפחה.

כלי משרד:

- שמן משחה
- הצהרות סליחה
- תפילות לשחרור הברית
- תהילים צ"א כיסוי תפילה

תובנה מרכזית
שושלת הדם יכולה להיות ברכה או שדה קרב. אתה נקרא לגאול אותה, לא להיות נשלט על ידה.

יומן רפלקציה

- האם אי פעם נתקלתי בהתנגדות רוחנית מצד מישהו קרוב?
- האם יש מישהו שאני צריך לסלוח לו - גם אם הוא עדיין עוסק בכישוף?
- האם אני מוכן להיות מופרד, גם אם זה עולה לי בקשרים?

תפילה של הפרדה והגנה
אבא, אני מכיר בכך שההתנגדות הגדולה ביותר יכולה לבוא מהקרובים אליי ביותר. אני סולח לכל בן משפחה שפועל, ביודעין או שלא ביודעין, נגד גורלי. אני שובר כל קשר נשמה, קללה וברית שנכרתו דרך שושלת משפחתי שאינה מתיישבת עם מלכותך. בדם ישוע, אני מקדש את ביתי ומכריז: אני וביתי נעבוד את ה'. אמן.

יום 21: רוח איזבל - פיתוי, שליטה ומניפולציה דתית

"**א**בל יש לי נגדך דבר: אתה סובל את האישה איזבל, הקוראת לעצמה נביאה בתורתה היא מתעה...". - התגלות ב' 20
"סופה יבוא פתאום, ללא תקנה." - משלי ו' 15
יש רוחות שצועקות מבחוץ. **איזבל לוחשת מבפנים.**

היא לא רק מפתה - היא **גוזלת, מתמרנת ומשחיתה**, משאירה משרדים מרוסקים, נישואים חנוקים ועמים מפותים על ידי מרד.

מהי רוח איזבל?
רוח איזבל:

• מחקה נבואות כדי להטעות
• משתמש בקסם ובפיתוי כדי לשלוט
• שונא סמכות אמיתית ומשתק נביאים
• מסתירה גאווה מאחורי ענווה כוזבת
• לעתים קרובות נקשרת למנהיגות או לאנשים הקרובים אליה

רוח זו יכולה לפעול דרך **גברים או נשים**, והיא משגשגת במקום בו כוח, אמביציה או דחייה בלתי מרוסנים נותרים ללא ריפוי.

ביטויים גלובליים

• **אפריקה** - נביאות שווא המתמרנות מזבחות ודורשות נאמנות בפחד.
• **אסיה** - מיסטיקנים דתיים מערבבים פיתוי עם חזיונות כדי לשלוט בחוגים רוחניים.
• **אירופה** - פולחני אלות עתיקים קמו לתחייה בפרקטיקות העידן החדש תחת השם העצמה.
• **אמריקה הלטינית** - כוהנות סנטריה שולטות במשפחות באמצעות "עצה

רוחנית".

•**צפון אמריקה** - משפיענים ברשתות החברתיות מקדמים "נשיות אלוהית" תוך שהם לועגים לכניעה, סמכות או טוהר תנ"כיים.

סיפור אמיתי: *איזבל שישבה על המזבח*

במדינה קריבית, כנסייה בוערת למען אלוהים החלה להתעמעם - לאט לאט, בעדינות. קבוצת התפילות שפעם נפגשה לתפילות חצות החלה להתפזר. משרד הנוער נקלע לשערורייה. נישואים בכנסייה החלו להיכשל, והכומר הלוהט הפך לחסר החלטיות ועייף מבחינה רוחנית.

במרכז הכל עמדה אישה - **האחות ר.** יפה, כריזמטית ונדיבה, היא זכתה להערצה מצד רבים. תמיד היה לה "דבר מה" וחלום על גורלם של כולם. היא תרמה בנדיבות לפרויקטים של הכנסייה וזכתה במושב קרוב לכומר.

מאחורי הקלעים, היא **הוציאה דיבה בעדינות על נשים אחרות** , פיתתה כומר זוטר וזרעה זרעי פילוג. היא מיצבה את עצמה כסמכות רוחנית תוך כדי ערעור בשקט על ההנהגה בפועל.

לילה אחד, נערה מתבגרת בכנסייה חלמה חלום עז - היא ראתה נחש מפותל מתחת לדוכן, לוחש לתוך המיקרופון. מבועתת, היא שיתפה אותו עם אמה, שהביאה אותו לכומר.

ההנהגה החליטה לצאת **לצום של 3 ימים** כדי לבקש את הדרכתו של אלוהים. ביום השלישי, במהלך תפילה, החלה האחות ר' להתפרץ באלימות. היא לחשה, צרחה והאשימה אחרים בכישוף. לאחר מכן התרחשה גאולה עוצמתית, והיא הודתה: היא התחנכה למסדר רוחני בסוף גיל העשרה שלה, והוטלה עליה המשימה **לחדור לכנסיות כדי "לגנוב את האש שלהן"**.

היא כבר הייתה **בחמש כנסיות** לפני זו. הנשק שלה לא היה רועש - זה היה **חנופה, פיתוי, שליטה רגשית** ומניפולציה נבואית.

כיום, הכנסייה הזו בנתה מחדש את המזבח שלה. הדוכן נחנך מחדש. והנערה הצעירה הזו? היא עכשיו אוונגליסטית נלהבת שמובילה תנועת תפילה לנשים.

תוכנית פעולה - כיצד להתעמת עם איזבל

1.**התחרט** על כל דרך שבה שיתפת פעולה עם מניפולציה, שליטה מינית או גאווה רוחנית.
2.**הבחין** בתכונותיה של איזבל - חנופה, מרד, פיתוי, נבואת שווא.
3.**נתק קשרי נשמה** ובריתות טמאות בתפילה - במיוחד עם כל מי שמרחיק אותך מקול אלוהים.
4.**הצהירו על סמכותכם** במשיח. איזבל פוחדת מאלה שיודעים מי הם.

ארסנל כתבי הקודש:

- מלכים א' י"ח-כ"א - איזבל נגד אליהו
- התגלות ב':18–29 – אזהרת המשיח לתיאטירנה
- משלי ו':16-19 – מה שאלוהים שונא
- גלטים ה':19–21 – מעשי הבשר

בקשת קבוצה

- דיון: האם אי פעם הייתם עדים למניפולציה רוחנית? כיצד היא הסוותה את עצמה?
- כקבוצה, הכריזו על מדיניות של "אי סובלנות" כלפי איזבל - בכנסייה, בבית או בהנהגה.
- במידת הצורך, עברו **תפילת גאולה** או צום כדי לשבור את השפעתה.
- להקדיש מחדש כל משרד או מזבח שנפגע.

כלי עבודה:

השתמשו בשמן משיחה. צרו מרחב לווידוי וסליחה. שירו שירי פולחן המכריזים על **אדוננו של ישוע**.

תובנה מרכזית

איזבל משגשגת במקום בו **תבונה נמוכה** וסובלנות **גבוהה** . שלטונה מסתיים כאשר סמכות רוחנית מתעוררת.

יומן רפלקציה

- האם נתתי למניפולציה להוביל אותי?
- האם יש אנשים או השפעות שהעליתי מעל קולו של אלוהים?
- האם השתתקתי את קולי הנבואי מתוך פחד או שליטה?

תפילת גאולה

אדון ישוע, אני מתנער מכל ברית עם רוח איזבל. אני דוחה פיתוי, שליטה, נבואות שווא ומניפולציה. נקה את ליבי מגאווה, פחד ופשרה. אני לוקח בחזרה את סמכותי. תן לכל מזבח שבנתה איזבל בחיי להיהרס. אני ממליך אותך, ישוע, כאדון על מערכות היחסים שלי, ייעודי ושירותי. מלא אותי בתבונה ובאומץ לב. בשמך, אמן.

יום 22: פיתונים ותפילות - שבירת רוח ההיצרות

פ" *עם אחת, כאשר היינו בדרכנו אל מקום התפילה, פגשה אותנו שפחה אשר לה רוח פיתון..."* - מעשי השליחים ט"ז 16
על אריה ועל צפע תדרוך..." - תהילים צ"א 13"

יש רוח שלא נושכת - היא **לוחצת**.

היא חונקת את האש שלך. היא מתפתלת סביב חיי התפילה שלך, הנשימה שלך, הפולחן שלך, המשמעת שלך - עד שאתה מתחיל לוותר על מה שפעם נתן לך כוח.

זוהי רוחו של **פייתון** - כוח שטני **שמגביל צמיחה רוחנית, מעכב את הגורל, חונק תפילה ומזייף נבואה**.

ביטויים גלובליים

- **אפריקה** - רוח הפיתון מופיעה ככוח נבואי כוזב, הפועלת במקדשי ים ויערות.
- **אסיה** - רוחות נחשים סגדו כאלוהויות שיש להאכיל או לפייס.
- **אמריקה הלטינית** - מזבחות סנטריה בצורת נחש המשמשים לעושר, תאווה וכוח.
- **אירופה** - סמלי נחש בכישוף, ניבוי עתידות ומעגלים על-חושיים.
- **צפון אמריקה** - קולות "נבואיים" מזויפים שמקורם במרד ובלבול רוחני.

עדות: ***הנערה שלא יכלה לנשום***

מריסול מקולומביה החלה לחוות קוצר נשימה בכל פעם שכרעה ברך להתפלל. חזה היה מתהדק. חלומותיה היו מלאים בתמונות של נחשים, מתפתלים סביב צווארה או נחים מתחת למיטתה. הרופאים לא מצאו שום דבר רפואי פגום.

יום אחד, סבתה הודתה שמריסול "הוקדשה" כילדה לרוח הרים שנודעה כנחש. זו הייתה "**רוח מגנה**", אך לכך היה מחיר.

במהלך פגישת גאולה, מריסול החלה לצרוח באלימות כשידיים הונחו עליה. היא הרגישה משהו זז בבטנה, במעלה חזה, ואז יוצא מפיה כמו אוויר שנפלט החוצה.

לאחר המפגש ההוא, קוצר הנשימה נפסק. חלומותיה השתנו. היא החלה לנהל אסיפות תפילה - אותו הדבר שהאויב ניסה פעם לחנוק ממנה.

סימנים שאתה עשוי להיות תחת השפעת רוח הפייתון

- עייפות וכבדות בכל פעם שאתה מנסה להתפלל או לעבוד
- בלבול נבואי או חלומות מטעים
- תחושות מתמידות של חנק, חסימה או כבילה
- דיכאון או ייאוש ללא סיבה ברורה
- אובדן רצון רוחני או מוטיבציה

תוכנית פעולה – שבירת היצרות

1. **לחזור בתשובה** על כל מעורבות נסתרת, פסיכולוגית או אבות קדמונים.
2. **הכריזו על גופכם ורוחכם כשייכים לאלוהים בלבד.**
3. **צום ומלחמה** לפי ישעיהו כ"ז, א' ותהילים צ"א, י"ג.
4. **משחו את גרונכם, חזכם וכפות רגליכם** - תבעו את החופש לדבר, לנשום וללכת באמת.

כתבי הקודש על גאולה:

- מעשי השליחים ט"ז: 16-18 - פאולוס מגרש את רוח הפיתון
- ישעיהו כ"ז:1 – אלוהים מעניש את לויתן, הנחש הנמלט
- תהילים צ"א – הגנה וסמכות
- לוקס י':19 - הכוח לרמוס נחשים ועקרבים

בקשת קבוצה

- שאלו: מה חונק את חיי התפילה שלנו - באופן אישי וקהילתי?
- הובל תפילת נשימה קבוצתית - הצהרה על **נשימת אלוהים** (רוח) על כל חבר.
- שברו כל השפעה נבואית כוזבת או לחץ דמוי נחש בפולחן ובהתערבות.

כלי תפילה: פולחן בחלילים או כלי נשימה, חיתוך סמלי של חבלים, צעיפי תפילה לחופש נשימה.

תובנה מרכזית
רוח הפיתון חונקת את מה שאלוהים רוצה ללדת. יש להתעמת איתה כדי להחזיר לעצמך את נשימתך ואת אומץ ליבך.
יומן רפלקציה

• מתי לאחרונה הרגשתי חופשי לחלוטין בתפילה?
• האם ישנם סימנים של עייפות רוחנית שאני מתעלם מהם?
• האם קיבלתי, מבלי דעת, "עצה רוחנית" שהביאה לבלבול נוסף?

תפילת גאולה
אבא, בשם ישוע, אני שובר כל רוח מכווץ שנועדה לחנוק את ייעודי. אני מתנער מרוח הפיתון וכל קולות הנבואה השקריים. אני מקבל את נשימת רוחך ומכריז: אנשום בחופשיות, אתפלל באומץ ואלך ביושר. כל נחש הכרוך סביב חיי נכרת וגורש. אני מקבל גאולה עכשיו. אמן.

יום 23: כסאות עוולה - הריסת מעוזים טריטוריאליים

"**ה**'אם כסא עוולה, החושב רעה בתורה, יחלוק עמך?" - תהילים צ"ד:כ
"לא נגד בשר ודם אנחנו נאבקים, כי אם נגד... שליטי חושך..." - אפסים ו':י"ב

ישנם **כסאות בלתי נראים** - שהוקמו בערים, אומות, משפחות ומערכות - שבהם כוחות דמוניים **שולטים באופן חוקי** באמצעות בריתות, חקיקה, עבודת אלילים ומרד ממושך.

אלו אינן התקפות אקראיות. אלו הן **רשויות מוכתרות**, מושרשות עמוק במבנים שמנציחים את הרוע לאורך דורות.

עד שכסאות אלה **יפורקו מבחינה רוחנית**, מעגלי החושך יימשכו - לא משנה כמה תפילה תוצע על פני השטח.

מעוזים וכסאות עולמיים

- **אפריקה** - כסאות כישוף בשושלות מלכותיות ובמועצות מסורתיות.
- **אירופה** - כסאות החילוניות, הבונים החופשיים והמרד החוקי.
- **אסיה** - כסאות עבודה זרה במקדשי אבות ובשושלות פוליטיות.
- **אמריקה הלטינית** - כסאות הטרור הנרקו-טרור, כתות מוות ושחיתות.
- **צפון אמריקה** - כסאות של סטייה, הפלות ודיכוי גזעי.

כסאות אלה משפיעים על החלטות, מדכאים את האמת וטורפים **גורלות**.

עדות: גאולתו של חבר מועצת העיר

בעיר בדרום אפריקה, חבר מועצה נוצרי שנבחר לאחרונה גילה שכל נושאי התפקידים לפניו השתגעו, התגרשו או מתו פתאום.

לאחר ימים של תפילה, גילה האל **כסא של קורבן דם** קבור מתחת לבניין העירייה. חוזה מקומי שתל מזמן קמעות כחלק מתביעה טריטוריאלית. חבר המועצה כינס מתפללים, צם וקיים תפילה בחצות בתוך אולם המועצה. במשך שלושה לילות, אנשי הצוות דיווחו על צרחות מוזרות בקירות, והחשמל הבהב.

תוך שבוע החלו הודאות. חוזים מושחתים נחשפו, ובתוך חודשים, השירותים הציבוריים השתפרו. כס המלוכה נפל.

תוכנית פעולה – דיכוי החושך

1. **זהה את כס המלוכה** - בקש מה' להראות לך מעוזים טריטוריאליים בעירך, במשרה שלך, בשושלת הדם שלך או באזור שלך.
2. **לחזור בתשובה למען הארץ** (תפילה בסגנון דניאל ט').
3. **עבודת קודש אסטרטגית** - כסאות מתפוררים כאשר כבוד האל משתלט (ראה דברי הימים ב' כ').
4. **להכריז על שמו של ישוע** כמלך האמיתי היחיד על פני התחום הזה.

כתבי עוגן:

- תהילים צ"ד:כ' – כסאות עוולה
- אפסים ו':12 – שליטים ורשויות
- ישעיהו כ"ח:6 - רוח צדק ללוחמים
- מלכים ב' כ"ג - יאשיהו הורס מזבחות וכיסאות עבודה זרה

מעורבות קבוצתית

- ערכו מפגש "מפה רוחנית" של השכונה או העיר שלכם.
- שאלו: מהם מעגלי החטא, הכאב או הדיכוי כאן?
- למנות "שומרים" שיתפללו מדי שבוע במקומות מרכזיים בשערים: בתי ספר, בתי משפט, שווקים.
- קבוצת המובילים גוזרת צווים נגד שליטים רוחניים באמצעות תהילים קמ"ט:5-9.

כלי עבודה: שופרות, מפות עיר, שמן זית לחנוכת קרקע, מדריכי הליכה לתפילה.

תובנה מרכזית

אם אתם רוצים לראות טרנספורמציה בעיר שלכם, **עליכם לאתגר את כס המלוכה שמאחורי המערכת** - לא רק את הפנים שמולה.

יומן רפלקציה

- האם יש קרבות חוזרים ונשנים בעיר או במשפחה שלי שמרגישים גדולים

ממני?

- האם ירשתי קרב נגד כס מלכות שלא עליתי עליו?
- אילו "שליטים" צריכים להיות מונעים בתפילה?

תפילת מלחמה

אדוני, חשף כל כס מלכות של עוולה השולט בשטחי. אני מכריז על שם ישוע כמלך היחיד! תן לכל מזבח, חוק, ברית או כוח נסתר האוכף חושך להתפזר באש. אני תופס את מקומי כמתווך. בדם השה ובדבר עדותי, אני הורס כסאות מלכות וממליך את ישוע על ביתי, עירי ועמיתי. בשם ישוע. אמן.

יום 24: שברי נשמה - כאשר חלקים ממך חסרים

״ה *וא ישיב את נפשי..״* - תהילים כ"ג, ג

'ארפא פצעיך נאם ה' כי נדחית תקראו לך ...״ - ירמיהו ל', יז'

לטראומה יש דרך לנפץ את הנשמה. התעללות. דחייה. בגידה. פחד פתאומי. אבל ממושך. חוויות אלה לא רק משאירות זיכרונות - הן **שוברות את האדם הפנימי שלך**
.

אנשים רבים מסתובבים נראים שלמים אך חיים עם **חלקים מעצמם חסרים** . שמחתם מפוצלת. זהותם מפוזרת. הם לכודים באזורי זמן רגשיים - חלקם תקועים בעבר כואב, בעוד הגוף ממשיך להזדקן קדימה.

אלו הם **שברי נשמה** - חלקים מהעצמי הרגשי, הפסיכולוגי והרוחני שלך שנקטעו עקב טראומה, התערבות דמונית או מניפולציה של כישוף.

עד שהחלקים הללו יאספו, יירפאו וישולבו מחדש דרך ישוע, **חירות אמיתית נותרת חמקמקה** .

פרקטיקות של גניבת נשמות עולמיות

- **אפריקה** - רופאי אלים לוכדים את "המהות" של אנשים בצנצנות או במראות.
- **אסיה** - טקסי לכידת נשמה על ידי גורואים או מתרגלים טנטריים.
- **אמריקה הלטינית** - פיצול נשמות שאמאני למטרות שליטה או קללות.
- **אירופה** - קסם מראה נסתר המשמש לשבירת זהות או לגניבת טובה.
- **צפון אמריקה** - טראומה כתוצאה ממניעת התעללות, הפלה או בלבול זהות יוצרת לעיתים קרובות פצעי נשמה עמוקים ופרגמנטציה.

סיפור: ***הנערה שלא יכלה להרגיש***

אנדראה, בת 25 מספרד, סבלה שנים של התעללות מינית מצד בן משפחה. למרות שקיבלה את ישוע, היא נותרה קהה רגשית. היא לא יכלה לבכות, לאהוב או להרגיש אמפתיה.

כומר מבקר שאל אותה שאלה מוזרה: "היכן השארת את שמחתך?" כשאנדראה עצמה את עיניה, היא נזכרה שהייתה בת 9, מכורבלת בארון, ואמרה לעצמה, "לעולם לא ארגיש שוב".

הם התפללו יחד. אנדראה סלחה, ויתרה על נדרים פנימיים, והזמינה את ישו לזיכרון הספציפי הזה. היא בכתה ללא שליטה בפעם הראשונה מזה שנים. באותו יום, **נשמתה שוקמה**.

תוכנית פעולה - איסוף וריפוי הנשמה

1. שאלו את רוח הקודש: *היכן איבדתי חלק מעצמי?*
2. סלח לכל מי שהיה מעורב באותו רגע, **ותוותר על נדרים פנימיים** כמו "לעולם לא אבטח שוב".
3. הזמינו את ישוע אל תוך הזיכרון, ודברו ריפוי אל תוך הרגע הזה.
4. התפלל: *"אדוני, השיב את נשמתי. אני קורא לכל חלק ממני לחזור ולהיות שלם."*

כתבי קודש מרכזיים:

- תהילים כ"ג:ג' - הוא משיב את הנפש
- לוקס ד':18 – ריפוי שבורי לב
- תסלוניקים א' ה':23 – רוח, נשמה וגוף נשמרים
- ירמיהו ל', יז' - ריפוי מנודים ופצעים

בקשת קבוצה

- להוביל חברים דרך **מפגש תפילה מודרך לריפוי פנימי**.
- שאלו: *האם היו רגעים בחייכם שבהם הפסקתם לבטוח, להרגיש או לחלום?*
- משחק תפקידים "חזרה לחדר ההוא" עם ישוע וצפייה בו מרפא את הפצע.
- שמנהיגים מהימנים יניחו ידיים בעדינות על ראשים ויכריזו על שיקום הנשמה.

כלי עבודה: מוזיקת פולחן, תאורה רכה, טישו, הנחיות לכתיבה ביומן.

תובנה מרכזית

גאולה אינה רק גירוש שדים. זוהי **איסוף השברים ושיקום הזהות**.

יומן רפלקציה

- אילו אירועים טראומטיים עדיין שולטים באופן שבו אני חושב או מרגיש היום?
- האם אי פעם אמרתי "לעולם לא אואהב שוב", או "אני לא יכול לסמוך יותר על אף אחד"?
- איך נראית "שלמות" עבורי - והאם אני מוכן לכך?

תפילת שיקום

ישוע, אתה רועה נשמתי. אני מביא אותך לכל מקום בו התנפצתי - מפחד, בושה, כאב או בגידה. אני שובר כל נדר וקללה פנימיים שנאמרו בטראומה. אני סולח לאלה שפצעו אותי. כעת, אני קורא לכל חלק מנשמתי לחזור. השב אותי במלואה - רוח, נשמה וגוף. אני לא שבור לנצח. אני שלם בך. בשם ישוע. אמן.

יום 25: קללת ילדים זרים - כאשר גורלות מתחלפים בלידה

ב"ניהם בני נכרים עתה יאכלם חודש בחלקם." - הושע ה', ז
'בטרם יצרך בבטן ידעתיך .." - ירמיהו א', ה'
לא כל ילד שנולד לבית נועד לבית הזה.
לא כל ילד הנושא את הדנ"א שלך נושא את המורשת שלך.
האויב השתמש זה מכבר **בלידה כשדה קרב** - חילופי גורלות, שתילת צאצאים מזויפים, חניכת תינוקות בבריתות אפלות, ושיבוש רחם עוד לפני תחילת ההתעברות.
זה לא רק עניין פיזי. זוהי **עסקה רוחנית** - הכוללת מזבחות, קורבנות וחוקיות דמונית.

מהם ילדים מוזרים?

"ילדים מוזרים" הם:

- ילדים שנולדו באמצעות הקדשה נסתרת, טקסים או בריתות מיניות.
- צאצאים מוחלפים בלידה (בין אם מבחינה רוחנית ובין אם מבחינה פיזית).
- ילדים הנושאים משימות אפלות לתוך משפחה או שושלת.
- נשמות שנלכדו ברחם באמצעות כישוף, נקרומנסיה או מזבחות דוריות.

ילדים רבים גדלים במרד, התמכרות, שנאה להורים או לעצמם - לא רק בגלל הורות גרועה, אלא בגלל **מי שתבע אותם מבחינה רוחנית בלידה**.

ביטויים גלובליים

- **אפריקה** - חילופי דברים רוחניים בבתי חולים, זיהום רחם באמצעות רוחות ימיות או יחסי מין פולחניים.
- **הודו** - ילדים נחנכים למקדשים או לגורלות המבוססים על קארמה לפני הלידה.

• **האיטי ואמריקה הלטינית** - טקסי הקדשה לסנטריה, ילדים שנולדו על מזבחות או לאחר לחשים.
• **מדינות מערביות** - הפריה חוץ גופית ופונדקאות קשורות לעיתים לחוזים נסתרים או שושלות תורם; הפלות שמשאירות דלתות רוחניות פתוחות.
• **תרבויות ילידיות ברחבי העולם** - טקסי מתן שמות לרוחות או העברת זהות טוטמית.

סיפור: *התינוק עם הרוח הלא נכונה*

קלרה, אחות מאוגנדה, סיפרה כיצד אישה הביאה את תינוקה שזה עתה נולד לתפילה. הילד צרח ללא הרף, סירב לקבל חלב והגיב באלימות לתפילה.

דבר נבואי גילה שהתינוק "הוחלף" ברוח בלידה. האם הודתה שרופא אליל התפלל על בטנה בזמן שהייתה נואשת לילד.

באמצעות תשובה ותפילות גאולה עזות, התינוק רפוי, ואז שלווה. בהמשך הילד שגשג - והראה סימנים של שלווה והתפתחות מחודשים.

לא כל מחלה אצל ילדים היא טבעית. חלקה היא **נטייה מתקופת ההתעברות**.

תוכנית פעולה – החזרת גורל הרחם

1. אם אתם הורים, **הקדישו את ילדכם מחדש לישוע המשיח**.
2. ויתרו על כל קללה, הקדשה או ברית לפני הלידה - אפילו מבלי דעת שנכרתו על ידי אבות קדמונים.
3. דברו ישירות אל רוח ילדכם בתפילה: *"אתם שייכים לאלוהים. גורלכם הושב על כנו."*
4. אם אינך חשוך ילדים, התפלל על רחמך, ודחה כל צורות של מניפולציה או התעסקות רוחנית.

כתבי קודש מרכזיים:

• הושע ט':11-16 – משפט על זרע זר
• ישעיהו מ"ט:כ"ה - נלחמים למען בניכם
• לוקס א':41 - ילדים מלאי רוח מן הרחם
• תהילים קל"ט: 13–16 – התכנון המכוון של אלוהים ברחם

מעורבות קבוצתית

• בקשו מההורים להביא שמות או תמונות של ילדיהם.

- הכריזו מעל כל שם: "זהותו של ילדכם שוחזרה. כל יד זרה נכרתה."
- התפללו לניקוי רוחני של הרחם עבור כל הנשים (וגברים כנשאים רוחניים של זרע).
- השתמשו בקודש כדי לסמל את החזרת גורל שושלת הדם.

כלי שירות: סעודת הקודש, שמן משחה, שמות מודפסים או פריטי תינוקות (אופציונלי).

תובנה מרכזית
השטן מכוון אל הרחם משום **ששם נוצרים נביאים, לוחמים וגורלות**. אבל כל ילד יכול להתקבל בחזרה דרך ישו.

יומן רפלקציה

- האם אי פעם היו לי חלומות מוזרים במהלך ההריון או אחרי הלידה?
- האם ילדיי מתקשים בדרכים שנראות לא טבעיות?
- האם אני מוכן להתעמת עם המקורות הרוחניים של מרד דורי או עיכוב?

תפילת שיקום

אבא, אני מביא את רחמי, את זרעי ואת ילדיי למזבחך. אני מתחרט על כל דלת - ידועה או לא ידועה - שאפשרה לאויב גישה. אני שובר כל קללה, מסירות ומשימה דמונית הקשורה לילדיי. אני מדבר עליהם: אתם קדושים, נבחרים ונחתמים לתפארת אלוהים. ייעודכם נגאל. בשם ישוע. אמן.

יום 26: מזבחות כוח נסתרות - להשתחרר מבריתות אוקולטיות של האליטה

ש"וב לקח אותו השטן להר גבוה מאוד והראה לו את כל ממלכות העולם ואת כבודן. 'אתן לך את כל זה', אמר, 'אם תשתחווה לי'" - מתי ד': 8-9

רבים חושבים שכוח שטני נמצא רק בטקסים בחדרי חדרים או בכפרים אפלים. אבל חלק מהבריתות המסוכנות ביותר מוסתרות מאחורי חליפות מלוטשות, מועדוני עילית והשפעה רב-דורית.

אלו **מזבחות של כוח** - שנוצרו על ידי שבועות דם, חניכות, סמלים סודיים והתחייבויות בעל פה הקושרות יחידים, משפחות ואפילו אומות שלמות לשלטונו של לוציפר. מהבונים החופשיים ועד לטקסים קבליים, מחניכות כוכבים מזרחיות ועד בתי ספר מסתוריים מצריים ובבליים עתיקים - הם מבטיחים הארה אך מעניקים שעבוד.

קשרים גלובליים

- **אירופה וצפון אמריקה** - הבונים החופשיים, הרוזנקרויצריות, מסדר שחר הזהב, גולגולת ועצמות, חורשת בוהמיה, חניכות קבלה.
- **אפריקה** - בריתות דם פוליטיות, עסקאות בין רוחות אבות לשלטון, בריתות כישוף ברמה גבוהה.
- **אסיה** - חברות מוארות, בריתות רוחות דרקון, שושלות שושלת הקשורות לכישוף עתיק.
- **אמריקה הלטינית** - סנטריה פוליטית, הגנה פולחנית הקשורה לקרטלים, בריתות שנכרתו להצלחה וחסינות.
- **המזרח התיכון** - טקסים בבליים ואשוריים עתיקים שהועברו בתחפושת דתית או מלכותית.

עדות - נכדו של בונה חופשי מוצא חירות

קרלוס, שגדל במשפחה משפיעה בארגנטינה, מעולם לא ידע שסבו הגיע לדרגה ה-33 של הבונים החופשיים. תופעות מוזרות טרדו בחייו - שיתוק שינה, חבלה במערכות יחסים וחוסר יכולת מתמשך להתקדם, לא משנה כמה ניסה.

לאחר שהשתתף בהדרכת גאולה שחשפה קשרים נסתרים בין אנשי האליטה, הוא התעמת עם ההיסטוריה המשפחתית שלו ומצא מזכרות של הבונים החופשיים ויומנים נסתרים. במהלך צום חצות, הוא ויתר על כל ברית דמים והכריז על חירות במשיח. באותו שבוע ממש, הוא קיבל את פריצת הדרך בעבודה לה חיכה שנים.
מזבחות ברמה גבוהה יוצרים התנגדות ברמה גבוהה - אבל **דמו של ישוע** מדבר בקול רם יותר מכל שבועה או טקס.

תוכנית פעולה – חשיפת הבקתה הנסתרת

1. **חקור**: האם יש קשרים מסוניים, אזוטריים או סודיים בשושלת הדם שלך?
2. **להתנער** מכל ברית, ידועה ובלתי ידועה, באמצעות הצהרות המבוססות על מתי י׳:26-28.
3. **לשרוף או להסיר** כל סמלים נסתרים: פירמידות, עיניים רואות-כל, מצפן, אובליסקים, טבעות או גלימות.
4. **התפללו בקול רם**:

"אני מפר כל הסכם נסתר עם אגודות סודיות, כתות אור ואחוות כוזבות. אני משרת רק את האדון ישוע המשיח."

בקשת קבוצה

• בקשו מהחברים לרשום כל קשר ידוע או חשוד עם האליטה האוקולטית.
• הובל **מעשה סמלי של ניתוק קשרים** - קריעת ניירות, שריפת תמונות או משיחת מצחם כחותם של הפרדה.
• השתמשו **בתהילים ב׳** כדי להכריז על שבירת מזימות לאומיות ומשפחתיות נגד משיח ה׳.

תובנה מרכזית

אחיזתו הגדולה ביותר של השטן עטופה לעתים קרובות בסודיות וביוקרה. חופש אמיתי מתחיל כשחושפים, מתנערים ומחליפים את המזבחות הללו בפולחן ובאמת.

יומן רפלקציה

• האם ירשתי עושר, כוח או הזדמנויות שמרגישים לי "לא בסדר" מבחינה רוחנית?
• האם ישנם קשרים סודיים באבותיי שהתעלמתי מהם?
• כמה יעלה לי לנתק את הגישה של אנשי דת לשלטון - והאם אני מוכן לכך?

תפילת גאולה

אבא, אני יוצא מכל בית, מזבח והסכם נסתר - בשמי או מטעם שושלת דמי. אני מנתק כל קשר נשמה, כל קשר דם וכל שבועה שנעשתה ביודעין או שלא ביודעין. ישוע, אתה האור היחיד שלי, האמת היחידה שלי והכיסוי היחיד שלי. תן לאשך לאכול כל קשר רשע לכוח, השפעה או הונאה. אני מקבל חופש מוחלט, בשם ישוע. אמן.

יום 27: בריתות טמאות - הבונים החופשיים, האילומינטי והסתננות רוחנית

א"ל תעסקו במעשים חסרי הטעם של החושך, אלא חשפו אותם." - אפסים ה' 11 *אינכם יכולים לשתות גם את כוס האדון וגם את כוס השדים."* - קורינתים" א' י' 21.

ישנן אגודות סודיות ורשתות גלובליות המציגות את עצמן כארגוני אחווה בלתי מזיקים - המציעים צדקה, קשר או הארה. אבל מאחורי הפרגוד מסתתרים שבועות עמוקות יותר, טקסי דם, קשרי נשמה ושכבות של דוקטרינה לוציפריאנית עטופות ב"אור".

הבונים החופשיים, האילומינטי, כוכב המזרח, גולגולת ועצמות, ורשתות האחיות שלהם אינן רק מועדונים חברתיים. הן מזבחות של נאמנות - חלקן מתוארכות למאות שנים - שנועדו לחדור מבחינה רוחנית למשפחות, ממשלות ואפילו כנסיות.

טביעת רגל עולמית

- **צפון אמריקה ואירופה** - מקדשי הבונים החופשיים, לשכות הטקס הסקוטי, הגולגולת והעצמות של ייל.
- **אפריקה** - חניכות פוליטיות ומלכותיות עם טקסים מסוניים, בריתות דם להגנה או כוח.
- **אסיה** - בתי ספר לקבלה במסווה של הארה מיסטית, טקסים מנזריים סודיים.
- **אמריקה הלטינית** - מסדרים אליטיים נסתרים, סנטריה התמזגה עם השפעה אליטית ובריתות דמים.
- **המזרח התיכון** - אגודות סודיות בבליות עתיקות הקשורות למבני כוח ופולחן אור כוזב.

רשתות אלו לרוב:

- דורשים דם או שבועות בעל פה.
- השתמש בסמלים נסתרים (מצפנים, פירמידות, עיניים).
- לערוך טקסים כדי לעורר או להקדיש את נשמתו למסדר.
- הענקת השפעה או עושר בתמורה לשליטה רוחנית.

עדות - וידוי של בישוף

בישוף במזרח אפריקה הודה בפני הכנסייה שלו כי הצטרף פעם לבונים החופשיים ברמה נמוכה במהלך לימודיו באוניברסיטה - פשוט בשביל "קשרים". אבל ככל שהתקדם בסולם הדרגות, הוא החל לראות דרישות מוזרות: שבועת שתיקה, טקסים עם כיסויי עיניים וסמלים, ו"אור" שהפך את חיי התפילה שלו לקרים. הוא הפסיק לחלום. הוא לא היה מסוגל לקרוא את כתבי הקודש.

לאחר שחזר בתשובה והתנער בפומבי מכל דרגה ונדר, הערפל הרוחני התפזר. כיום, הוא מטיף למשיח באומץ, וחושף את מה שבעבר השתתף בו. השלשלאות היו בלתי נראות - עד שנשברו.

תוכנית פעולה – *שבירת השפעת הבונים החופשיים והאגודות הסודיות*

1. **זהה** כל מעורבות אישית או משפחתית עם הבונים החופשיים, הרוזנקרויצרים, קבלה, גולגולת ועצמות, או מסדרים סודיים דומים.
2. **ויתרו על כל רמה או דרגה של חניכה**, מהרמה הראשונה עד ה-33 ומעלה, כולל כל הטקסים, האסימונים והשבועות. (ייתכן שתמצאו ויתורים מודרכים לגאולה באינטרנט.)
3. **התפללו עם סמכות**:

"אני שובר כל קשר נשמה, ברית דם ושבועה שניתנו לאגודות סודיות - על ידי או בשמי. אני תובע את נשמתי למען ישוע המשיח!"

1. **השמידו פריטים סמליים**: מלכות, ספרים, תעודות, טבעות או תמונות ממוסגרות.
2. **להכריז על** חופש באמצעות:
   - *גלטים ה׳:1*
   - *תהילים ב׳:1–6*
   - *ישעיהו כ"ח: 15-18*

בקשת קבוצה

- בקשו מהקבוצה לעצום את עיניהם ולבקש מרוח הקודש לחשוף כל שייכות סודית או קשר משפחתי.
- ויתור תאגידי: התפללו כדי לגנות כל קשר ידוע או לא ידוע למסדרים עילית.
- השתמשו באחדות כדי לאטום את הקרע וליישר מחדש את הבריתות עם ישוע.
- משחו ראשים וידיים - השבת צלילות המחשבה והעבודות הקדושות.

תובנה מרכזית

מה שהעולם מכנה "אליטה", אלוהים אולי מכנה תועבה. לא כל השפעה היא קדושה - ולא כל אור הוא אור. אין דבר כזה סודיות בלתי מזיקה כשמדובר בשבועות רוחניות.

יומן רפלקציה

- האם הייתי חלק ממסדרים סודיים או קבוצות הארה מיסטיות, או שהייתי סקרן לגביהם?
- האם יש ראיות לעיוורון רוחני, קיפאון או קור באמונתי?
- האם עליי להתמודד עם מעורבות משפחתית באומץ ובחן?

תפילת חירות

אדון ישוע, אני בא לפניך כאור האמיתי היחיד. אני מתנער מכל קשר, כל שבועה, כל אור כוזב וכל מסדר נסתר התובע אותי. אני מנתק את הבונים החופשיים, אגודות סודיות, אחווה עתיקת יומין וכל קשר רוחני הקשור לחושך. אני מצהיר שאני תחת דמו של ישוע בלבד - חתום, משוחרר וחופשי. תן לרוחך לשרוף את כל שאריות הבריתות הללו. בשם ישוע, אמן.

יום 28: קבלה, רשתות אנרגיה ופיתוי ה"אור" המיסטי

כ"י *השטן עצמו מתחזה למלאך אור."* - קורינתים ב' י"א 14
האור שבך הוא חושך - כמה עמוק הוא החושך!" - לוקס י"א 35"

בעידן האובססיבי להארה רוחנית, רבים צוללים מבלי דעת לתוך פרקטיקות קבליות עתיקות, ריפוי אנרגטי ותורות אור מיסטיות המושרשות בדוקטרינות נסתרות. תורות אלו לעתים קרובות מתחפשות ל"מיסטיקה נוצרית", "חוכמה יהודית" או "רוחניות מבוססת מדע" - אך מקורן בבבל, לא בציון.

קבלה אינה רק מערכת פילוסופית יהודית; זוהי מטריצה רוחנית הבנויה על קודים סודיים, ספירות אלוהיות ונתיבים אזוטריים. זוהי אותה הטעיה מפתה שמאחורי טארוט, נומרולוגיה, פורטלי גלגל המזלות ורשתות של העידן החדש.

ידוענים, משפיענים ואילי עסקים רבים עונדים חוטים אדומים, עושים מדיטציה עם אנרגיית קריסטל, או עוקבים אחר הזוהר מבלי לדעת שהם משתתפים במערכת בלתי נראית של מלכודת רוחנית.

הסתבכויות גלובליות

- **צפון אמריקה** - מרכזי קבלה במסווה של חללי בריאות; מדיטציות אנרגיה מודרכות.
- **אירופה** - קבלה דרואידית ונצרות אזוטרית נלמדו במסדרים סודיים.
- **אפריקה** - כתות שגשוג המשלבות כתבי קודש עם נומרולוגיה ופורטלי אנרגיה.
- **אסיה** - ריפוי צ'אקרה מותג מחדש כ"הפעלת אור" בהתאם לקודים אוניברסליים.
- **אמריקה הלטינית** - קדושים מעורבבים עם מלאכים קבליים בקתוליות המיסטית.

זהו הפיתוי של אור כוזב - שבו ידע הופך לאל והארה הופכת לכלא.

עדות אמיתית - בריחה מ"מלכודת האור"

מריסול, מאמנת עסקים דרום אמריקאית, חשבה שגילתה חוכמה אמיתית באמצעות נומרולוגיה ו"זרימת אנרגיה אלוהית" ממנטור קבלי. חלומותיה הפכו לחיוניים, חזונותיה חדים. אבל השלווה שלה? נעלמה. מערכות היחסים שלה? קורסות.

היא מצאה את עצמה מעונה על ידי יצורים צללים בשנתה, למרות "תפילות האור" היומיות שלה. חברה שלחה לה עדות וידאו של מיסטיקנית לשעבר שפגשה את ישוע. באותו לילה, מריסול קראה לישו. היא ראתה אור לבן מסנוור - לא מיסטי, אלא טהור. השלווה חזרה. היא השמידה את חומריה והחלה במסע הגאולה שלה. כיום, היא מנהלת פלטפורמת חונכות המתמקדת במשיח לנשים הלכודות בהונאה רוחנית.

תוכנית פעולה – ויתור על תאורת שווא

1.**בדקו** את החשיפה שלכם: האם קראת ספרי מיסטיקה, תרגלתם ריפוי אנרגטי, עקבתם אחר הורוסקופים או ענדתם חוטים אדומים?

2.**התחרטו** על כך שחיפשתם אור מחוץ למשיח.

3.**לנתק קשרים** עם:

◦תורות קבלה/זוהר

◦רפואת אנרגיה או הפעלת אור

◦קריאות מלאכים או פענוח שמות

◦גיאומטריה קדושה, נומרולוגיה או "קודים"

4.**התפללו בקול רם** :

"ישוע, אתה אור העולם. אני מתנער מכל אור שקר, מכל תורה נסתרת וכל מלכודת מיסטית. אני שב אליך כמקור האמת היחיד שלי!"

1.**כתבי קודש להכריז** :

◦יוחנן ח':12

◦דברים י"ח:י'-י"ב

◦ישעיהו ב':ו'

◦קורינתים ב' י"א: 13-15

בקשת קבוצה

- שאלו: האם אתם (או משפחתכם) השתתפתם אי פעם או נחשפתם לתורת העידן החדש, נומרולוגיה, קבלה או "אור" מיסטית?
- ויתור קבוצתי על אור כוזב והקדשה מחודשת לישוע כאור היחיד.

- השתמשו בדימויים של מלח ואור - תנו לכל משתתף קורט מלח ונר כדי להצהיר, "אני מלח ואור במשיח בלבד".

תובנה מרכזית

לא כל אור הוא קדוש. מה שמאיר מחוץ למשיח בסופו של דבר יאכל.

יומן רפלקציה

- האם חיפשתי ידע, כוח או ריפוי מחוץ לדבר אלוהים?
- מאיזה כלים או תורות רוחניות אני צריך להיפטר?
- האם יש מישהו שהצגתי לו ניו אייג' או שיטות "אור" שאני צריך עכשיו להדריך אותו בחזרה?

תפילת גאולה

אבא, אני יוצא מתוך הסכמה עם כל רוח של אור כוזב, מיסטיקה וידע סודי. אני מתנער מקבלה, נומרולוגיה, גיאומטריה קדושה וכל צופן אפל המתחזה לאור. אני מצהיר שישוע הוא אור חיי. אני מתרחק מדרך ההונאה וצועד אל האמת. טהר אותי באשך ומלא אותי ברוח הקודש. בשם ישוע. אמן.

יום 29: צעיף האילומינטי - חשיפת רשתות האלוקטליות של האליטה

"*מלכי הארץ עמדו וראשים יתאספו על ה' ועל משיחו.*" - תהילים ב', ב.

"*אין נסתר אשר לא יגלה, ואין נסתר אשר לא יתגלה.*" - לוקס ח', י"ז.

יש עולם בתוך עולמנו. חבוי לעין.

מהוליווד ועד לפיננסים הגבוהים, ממסדרונות פוליטיים ועד אימפריות מוזיקה, רשת של בריתות אפלות וחוזים רוחניים שולטת במערכות המעצבות תרבות, מחשבה וכוח. זה יותר מקונספירציה - זה מרד עתיק שנארז מחדש עבור הבמה המודרנית.

האילומינטי, בבסיסו, אינו סתם אגודה סודית - זוהי אג'נדה לוציפריאנית. פירמידה רוחנית שבה אלו שבראש נשבעים אמונים באמצעות דם, טקסים וחילופי נשמות, שלעתים קרובות עטופים בסמלים, אופנה ותרבות פופולרית כדי להתנות את ההמונים.

זה לא עניין של פרנויה. זה עניין של מודעות.

סיפור אמיתי - מסע מתהילה לאמונה

מרקוס היה מפיק מוזיקלי עולה בארה"ב. כאשר הלהיט הגדול השלישי שלו חצה את המצעדים, הוא הוצג בפני מועדון בלעדי - גברים ונשים רבי עוצמה, "מנטורים" רוחניים, חוזים ספוגים בסודיות. בהתחלה, זה נראה כמו חונכות עילית. אחר כך הגיעו מפגשי ה"קריאה" - חדרים חשוכים, אורות אדומים, מזמורים וטקסי מראה. הוא החל לחוות מסעות חוץ גופיים, קולות לוחשים לו שירים בלילה.

לילה אחד, תחת השפעה וייסורים, הוא ניסה לשים קץ לחייו. אבל ישו התערב. התחננותה של סבתא מתפללת פרצה קדימה. הוא נמלט, ויתר על השיטה והחל במסע גאולה ארוך. כיום, הוא חושף את החושך של התעשייה באמצעות מוזיקה שמעידה על האור.

מערכות בקרה נסתרות

- **קורבנות דם וטקסי מין** - חניכה לשלטון דורשת חילופי דברים: גוף, דם או תמימות.
- **תכנות מחשבתי** (**תבניות אולטרה של MK**) – משמש בתקשורת, מוזיקה ופוליטיקה ליצירת זהויות ומטפלים מקוטעים.
- **סמליות** - עיני פירמידה, עוף חול, רצפות לוח שחמט, ינשופים וכוכבים הפוכים - שערי נאמנות.
- **דוקטרינה לוציפריאנית** - "עשה כרצונך", "הפוך לאל שלך", " הארה של נושא אור".

תוכנית פעולה – להשתחרר מקווי האליטה

1. **התחרט** על השתתפות בכל מערכת הקשורה להעצמה נסתרת, אפילו מבלי דעת (מוזיקה, מדיה, חוזים).
2. **ויתרו** בכל מחיר על תהילה, על בריתות נסתרות או על קסם מסגנונות חיים של אליטה.
3. **התפללו על** כל חוזה, מותג או רשת שאתם חלק מהם. בקשו מרוח הקודש לחשוף קשרים נסתרים.
4. **הכריזו בקול רם** :

"אני דוחה כל מערכת, שבועה וסמל של חושך. אני שייך לממלכת האור. נשמתי אינה למכירה!"

1. **כתבי עוגן** :
   - ישעיהו כ"ח: 15-18 – ברית עם המוות לא תעמוד
   - תהילים ב' - אלוהים צוחק על מזימות רעות
   - קורינתים א' ב':6-8 - שליטי העולם הזה אינם מבינים את חוכמת אלוהים

בקשת קבוצה

- הובילו את הקבוצה במפגש **ניקוי סמלים** - הביאו תמונות או לוגואים שיש למשתתפים שאלות לגביהם.
- עודדו אנשים לשתף היכן ראו שלטי אילומינטי בתרבות הפופ, וכיצד זה

עיצב את דעותיהם.
- הזמינו את המשתתפים להקדיש **מחדש את השפעתם** (מוזיקה, אופנה, מדיה) למטרתו של ישו.

תובנה מרכזית
ההונאה החזקה ביותר היא זו שמסתתרת בזוהר. אבל כשהמסכה מוסרת, השלשלאות נשברות.

יומן רפלקציה

- האם אני נמשך לסמלים או תנועות שאני לא מבין במלואן?
- האם נדרתי נדרים או הסכמים במרדף אחר השפעה או תהילה?
- איזה חלק מהמתנה או הפלטפורמה שלי אני צריך להיכנע שוב לאלוהים?

תפילת חירות

אבא, אני דוחה כל מבנה, שבועה והשפעה נסתרים של האילומינטי והאוקולט האליטה. אני מוותר על תהילה בלעדיך, כוח ללא מטרה וידע ללא רוח הקודש. אני מבטל כל ברית דם או ברית מילה שנכרתה אי פעם עליי, ביודעין או שלא ביודעין. ישוע, אני ממליך אותך כאדון על דעתי, מתנותיי וגורלי. חשף והשמיד כל שרשרת בלתי נראית. בשמך אני קם, ואני הולך באור. אמן.

יום 30: בתי הספר המסתוריים - סודות עתיקים, שעבוד מודרני

"גרונם קברים פתוחים; לשונם מרמה. רעל צפעונים על שפתיהם." - רומים ג' 13
"אל תקראו קשר כל מה שקורא העם הזה קשר; אל תיראו ממה שהוא ירא...
את ה' צבאות קדוש תחשבו..." - ישעיהו ח' 12-13

הרבה לפני האילומינטי, היו בתי ספר עתיקים למסתורין - מצרים, בבל, יוון, פרס - שנועדו לא רק להעביר "ידע", אלא גם לעורר כוחות על טבעיים באמצעות טקסים אפלים. כיום, בתי ספר אלה קמים לתחייה באוניברסיטאות עילית, ריטריטים רוחניים, מחנות "מודעות", ואפילו באמצעות קורסי הכשרה מקוונים במסווה של פיתוח אישי או התעוררות תודעה מסדר גבוה.

מחוגי הקבלה ועד לתאוסופיה, מסדרים הרמטיים ורוזנקרויצריזם - המטרה זהה: "להיות כמו אלים", לעורר כוח סמוי ללא כניעה לאלוהים. מזמורים נסתרים, גיאומטריה קדושה, הקרנה אסטרלית, פתיחת בלוטת האצטרובל וטקסים טקסיים מביאים רבים לשעבוד רוחני תחת מסווה של "אור".

אבל כל "אור" שאינו מושרש בישוע הוא אור שקר. וכל שבועה נסתרת חייבת להישבר.

סיפור אמיתי - ממיומן לנטוש

סנדרה*, מאמנת בריאות דרום אפריקאית, התחנכה למסדר מסתורי מצרי באמצעות תוכנית חונכות. ההכשרה כללה יישור צ'אקרות, מדיטציות שמש, טקסי ירח ומגילות חוכמה עתיקות. היא החלה לחוות "הורדות" ו"התעלות", אך עד מהרה אלה הפכו להתקפי פאניקה, שיתוק שינה ואפיזודות אובדניות.

כאשר כומר גאולה חשף את המקור, סנדרה הבינה שנשמתה קשורה בנדרים ובחוזים רוחניים. ויתור על המסדר פירושו אובדן הכנסה וקשרים - אך היא זכתה בחירותה. כיום, היא מנהלת מרכז ריפוי שבמרכזו ישו, ומזהירה אחרים מפני הטעיה של העידן החדש.

נושאים משותפים של בתי ספר מסתוריים כיום

• **מעגלי קבלה** - מיסטיקה יהודית מעורבת עם נומרולוגיה, פולחן מלאכים

ומישורים אסטרליים.

- **הרמטיציזם** - דוקטרינת "כמו למעלה, כך למטה"; העצמת הנשמה לתמרן את המציאות.
- **רוזנקרויצרים** - מסדרים סודיים הקשורים לטרנספורמציה אלכימית ולהתעלות רוחנית.
- **הבונים החופשיים ואחוות אזוטריות** - התקדמות שכבתית אל אור נסתר; כל מעלה קשורה בשבועות ובטקסים.
- **ריטריטים רוחניים** – טקסי "הארה" פסיכדליים עם שאמאנים או "מדריכים".

תוכנית פעולה – שבירת עול עתיקים

1. **ויתרו על** כל הבריתות שנעשו באמצעות חניכות, קורסים או חוזים רוחניים מחוץ למשיח.
2. **בטלו** את כוחו של כל מקור "אור" או "אנרגיה" שאינו מושרש ברוח הקודש.
3. **נקו** את ביתכם מסמלים: אנק, עין הורוס, גיאומטריה קדושה, מזבחות, קטורת, פסלים או ספרי פולחן.
4. **הכריזו בקול רם** :

"אני דוחה כל דרך עתיקה ומודרנית לאור כוזב. אני נכנע לישוע המשיח, האור האמיתי. כל שבועה סודית מופרת על ידי דמו."

כתבי עוגן

- קולוסים ב׳:8 - אין פילוסופיה ריקה ומתעתעת
- יוחנן א׳:4-5 - האור האמיתי מאיר בחושך
- קורינתים א' 1:19-20 - אלוהים הורס את חוכמת החכמים

בקשת קבוצה

- לארח לילה סמלי של "שריפת מגילות" (מעשי השליחים י"ט 19) - שבו

חברי הקבוצה מביאים ומשמידים כל ספר, תכשיטים או פריטים נסתרים.

- התפללו על אנשים ש"הורידו" ידע מוזר או פתחו צ'אקרות עין שלישית באמצעות מדיטציה.
- להדריך את המשתתפים בתפילת "**העברת אור**" - לבקש מרוח הקודש להשתלט על כל תחום שנכנע בעבר לאור נסתר.

תובנה מרכזית

אלוהים אינו מסתיר את האמת בחידות ובטקסים - הוא מגלה אותה דרך בנו. היזהרו מ"אור" שמושך אתכם אל החושך.

יומן רפלקציה

- האם הצטרפתי לאף בית ספר מקוון או פיזי המבטיח חוכמה עתיקה, הפעלה או כוחות מסתורין?
- האם ישנם ספרים, סמלים או טקסים שבעבר חשבתי שהם מזיקים אבל עכשיו אני מרגיש משוכנע לגביהם?
- היכן חיפשתי חוויה רוחנית יותר מאשר מערכת יחסים עם אלוהים?

תפילת גאולה

אדון ישוע, אתה הדרך, האמת והאור. אני מתחרט על כל נתיב שעקף את דברך. אני מתנער מכל בתי הספר למסתורין, מסדרים סודיים, שבועות וחניכות. אני שובר קשרי נשמה עם כל המדריכים, המורים, הרוחות והמערכות המושרשות בהונאה עתיקה. האר את אורך בכל מקום נסתר בליבי ומלא אותי באמת רוחך. בשם ישוע, אני צועד חופשי. אמן.

יום 31: קבלה, גיאומטריה קדושה והונאת אור עילית

"כ*י השטן עצמו מתהפך למלאך אור."* - קורינתים ב' י"א 14
"הסודות הם לה' אלוהינו, והנגלה הם לנו..." - דברים כט 29
בחיפושנו אחר ידע רוחני, טמונה סכנה - הפיתוי של "חוכמה נסתרת" המבטיחה כוח, אור ואלוהות בנפרד מהמשיח. מחוגי סלבריטאים ועד לשכות סודיות, מאמנות ועד אדריכלות, דפוס של הטעיה טווה את דרכו ברחבי העולם, מושך את המחפשים אל הרשת האזוטרית של **הקבלה** , **הגיאומטריה הקדושה** ותורות **המסתורין** .

אלו אינן חקירות אינטלקטואליות בלתי מזיקות. הן דרכי כניסה לבריתות רוחניות עם מלאכים שנפלו המחופשים לאור.

ביטויים גלובליים

- **הוליווד ותעשיית המוזיקה** - ידוענים רבים עונדים בגלוי צמידי קבלה או מקעקעים סמלים קדושים (כמו עץ החיים) שמקורם במיסטיקה יהודית נסתרת.
- **אופנה ואדריכלות** – עיצובים של הבונים החופשיים ודוגמאות גיאומטריות קדושות (פרח החיים, הקסגרמות, עין הורוס) משובצים בבגדים, בניינים ואמנות דיגיטלית.
- **המזרח התיכון ואירופה** - מרכזי לימוד קבלה משגשגים בקרב אליטות, ולעתים קרובות משלבים מיסטיקה עם נומרולוגיה, אסטרולוגיה וקריאות מלאכים.
- **מעגלים מקוונים וניו אייג' ברחבי העולם** – יוטיוב, טיקטוק ופודקאסטים מנרמלים " קודי אור", "פורטלי אנרגיה", "ויברציות 3-6-9" ולימודי "מטריקס אלוהי" המבוססים על גיאומטריה קדושה ומסגרות קבליות.

סיפור אמיתי - כאשר אור הופך לשקר

יאנה, בת 27 משוודיה, החלה לחקור את חכמת הקבלה לאחר שעקבה אחר הזמרת האהובה עליה, שייחסה לה קרדיט על "התעוררותה היצירתית". היא קנתה צמיד מחוט אדום, החלה לעשות מדיטציה עם מנדלות גיאומטריות, ולמדה שמות של מלאכים מטקסטים עבריים עתיקים.

דברים החלו להשתנות. חלומותיה הפכו מוזרים. היא הרגישה יצורים לצידה בשנתה, לוחשים חוכמה - ואז דורשים דם. צללים עקבו אחריה, אך היא השתוקקה ליותר אור.

בסופו של דבר, היא נתקלה בסרטון גאולה באינטרנט והבינה שהייסורים שלה אינם התעלות רוחנית, אלא הטעיה רוחנית. לאחר שישה חודשים של מפגשי גאולה, צום ושריפת כל חפץ קבלי בביתה, השלווה החלה לחזור. כעת היא מזהירה אחרים דרך הבלוג שלה: "האור השקרי כמעט הרס אותי".

הבחנה בדרך

הקבלה, למרות שלעיתים היא לבושה בגלימות דתיות, דוחה את ישוע המשיח כדרך היחידה לאלוהים. לעתים קרובות היא מרוממת את **"העצמי האלוהי"**, מקדמת **תקשור** ועלייה **לעץ החיים**, ומשתמשת **במיסטיקה מתמטית** כדי לזמן כוח. פרקטיקות אלה פותחות **שערים רוחניים** - לא לגן עדן, אלא לישויות המתחזות לנושאי אור.

דוקטרינות קבליות רבות מצטלבות עם:

- הבונים החופשיים
- רוזנקרויצריות
- גנוסטיות
- כתות הארה לוציפריאניות

המכנה המשותף? החתירה לאלוהות ללא ישוע.
תוכנית פעולה – חשיפת ופינוי אור כוזב

1. **התחרטו** על כל עיסוק בקבלה, נומרולוגיה, גיאומטריה קדושה או תורות של "בית ספר למסתורין".
2. **השמידו חפצים** בביתכם הקשורים למנהגים אלה - מנדלות, מזבחות, טקסטים של קבלה, רשתות קריסטל, תכשיטי סמלים קדושים.
3. **ויתרו על רוחות של אור כוזב** (למשל, מטטרון, רזיאל, שכינה בצורה מיסטית) ופקדו על כל מלאך מזויף לעזוב.

4. **טבלו בפשטותו** ובספיקותו של המשיח (קורינתים ב' י"א 3).
5. **צום ומשיח** את עצמך - עיניים, מצח, ידיים - ויתור על כל חוכמה כוזבת והצהרת נאמנותך לאלוהים בלבד.

בקשת קבוצה

- שתפו כל מפגש עם "תורות אור", נומרולוגיה, מדיה קבלה או סמלים קדושים.
- כקבוצה, רשמו ביטויים או אמונות שנשמעים "רוחניים" אך מתנגדים למשיח (למשל, "אני אלוהי", "היקום מספק", "תודעת ישו").
- משחו כל אדם בשמן תוך כדי הכרזה על יוחנן ח' 12 - *"ישוע הוא אור העולם"*.
- יש לשרוף או להשליך כל חומר או חפץ המתייחסים לגיאומטריה קדושה, מיסטיקה או "קודים אלוהיים".

תובנה מרכזית

השטן לא מגיע קודם כל כמשמיד. לעתים קרובות הוא מגיע כמאיר - ומציע ידע סודי ואור כוזב. אבל האור הזה מוביל רק לחושך עמוק יותר.

יומן רפלקציה

• האם פתחתי את רוחי ל"אור רוחני" כלשהו שעקף את ישו?
• האם ישנם סמלים, ביטויים או חפצים שחשבתי שהם מזיקים אבל עכשיו אני מזהה אותם כפורטלים?
• האם העדפתי חוכמה אישית על פני אמת מקראית?

תפילת גאולה

אבא, אני מתנער מכל אור כוזב, תורה מיסטית וידע סודי שסבכו את נשמתי. אני מודה שרק ישוע המשיח הוא האור האמיתי של העולם. אני דוחה קבלה, גיאומטריה קדושה, נומרולוגיה וכל תורות של שדים. הניחו לכל רוח מזויפת להיעקר מחיי. נקה את עיניי, את מחשבותיי, את דמיוני ואת רוחי. אני שלך בלבד - רוח, נשמה וגוף. בשם ישוע. אמן.

יום 23: רוח הנחש שבפנים - כאשר הגאולה מגיעה מאוחר מדי

"ע*יניהם מלאות ניאוף... הם מפתים נשמות לא יציבות... הם הלכו בדרך בלעם... אשר לו שמור חושך לנצח."* - פטרוס ב' ב':14-17

"אל תטעו: אי אפשר ללעוג לאלוהים. אדם קוצר את אשר זרע." - גלטים ו':7

ישנה זיוף שטני שמציג את עצמו כהארה. הוא מרפא, מעניק אנרגיה, מעצים - אבל רק לזמן קצר. הוא לוחש תעלומות אלוהיות, פותח את "העין השלישית" שלך, משחרר כוח בעמוד השדרה - ואז **משעבד אותך בייסורים**.

זהו **קונדליני**.

רוח **הנחש**.

"רוח הקודש" השקרית של העידן החדש.

לאחר הפעלתו - באמצעות יוגה, מדיטציה, סמים פסיכדליים, טראומה או טקסים נסתרים - כוח זה מתפתל בבסיס עמוד השדרה ועולה כמו אש דרך הצ'אקרות. רבים מאמינים שזו התעוררות רוחנית. האמת היא שזו **אחוזה דמונית** במסווה של אנרגיה אלוהית.

אבל מה קורה כשהוא **לא נעלם**?

סיפור אמיתי - "אני לא יכול לכבות את זה"

מריסה, אישה נוצרייה צעירה מקנדה, התנסתה ב"יוגה נוצרית" לפני שנתנה את חייה למשיח. היא אהבה את התחושות השלוות, את הוויברציות, את חזיונות האור. אבל אחרי מפגש אינטנסיבי אחד שבו הרגישה את עמוד השדרה שלה "מתלקח", היא איבדה את הכרתה - והתעוררה בלי יכולת לנשום. באותו לילה, משהו התחיל **לייסר את שנתה**, סובב את גופה, הופיע כ"ישו" בחלומותיה - אבל לועג לה.

היא קיבלה **גאולה** חמש פעמים. הרוחות היו עוזבות - אך חוזרות. עמוד השדרה שלה עדיין רטט. עיניה ראו אל תוך עולם הרוחות ללא הרף. גופה היה נע באופן לא רצוני. למרות הישועה, היא עברה כעת דרך גיהנום שמעטים נוצרים מבינים. רוחה ניצלה - אך נשמתה נפגעה, **נסדקה ונקרעה לחתיכות**.

התוצאות שאף אחד לא מדבר עליהן

• **עיניים שלישיות נשארות פקוחות** : חזיונות מתמידים, הזיות, רעש רוחני, "מלאכים" שמדברים שקרים.
• **הגוף לא מפסיק לרטוט** : אנרגיה בלתי נשלטת, לחץ בגולגולת, דפיקות לב.
• **עינוי בלתי פוסק** : אפילו לאחר 10+ מפגשי גאולה.
• **בידוד** : כמרים לא מבינים. כנסיות מתעלמות מהבעיה. האדם מתויג כ"לא יציב".
• **פחד מהגיהנום** : לא בגלל החטא, אלא בגלל הייסורים שמסרבים להיגמר.

האם נוצרים יכולים להגיע לנקודת אל-חזור?

כן - בחיים האלה. אתם יכולים **להיוושע** , אבל כל כך מקוטעים **שנשמתכם מתייסרת עד מוות** .

זו לא הסחת פחד. זוהי **אזהרה נבואית** .

דוגמאות גלובליות

• **אפריקה** - נביאי שקר משחררים אש קונדליני במהלך תפילות - אנשים מתעוותים, קצפים, צוחקים או שואגים.
• **אסיה** - מאסטרים של יוגה עולים ל"סידהי" (דיבוק שדי) וקוראים לזה תודעה אלוהית .
• **אירופה/צפון אמריקה** – תנועות ניאו-כריזמטיות המתעלות "ממלכות תהילה", נביחות, צחוקים, נפילות בלתי נשלטות – לא של אלוהים.
• **אמריקה הלטינית** - התעוררויות שמאניות המשתמשות באיאוואסקה (תרופות צמחיות) כדי לפתוח דלתות רוחניות שאינן יכולות לסגור.

תוכנית פעולה - אם הגזמתם

1. **התוודו על הפורטל המדויק** : קונדליני יוגה, מדיטציות עין שלישית, כנסיות העידן החדש, פסיכדלים וכו'.
2. **הפסק את כל רדיפת הגאולה** : יש רוחות שמתענות זמן רב יותר כשאתה ממשיך להעצים אותן בפחד.
3. **עגנו את עצמכם בכתובים** מדי יום - במיוחד תהילים קי"ט, ישעיהו ס"א ויוחנן א'. אלה מחדשים את הנשמה.
4. **הגשה לקהילה** : מצא לפחות מאמין אחד מלא רוח הקודש ללכת איתו.

בידוד מעצים שדים.
5. **ויתרו על כל "ראייה" רוחנית, אש, ידע, אנרגיה** - גם אם זה מרגיש קדוש.
6. **בקשו מאלוהים רחמים** - לא פעם אחת. מדי יום. מדי שעה. התמידו. אלוהים אולי לא יסיר זאת בן רגע, אבל הוא יישא אתכם.

בקשת קבוצה

- ערכו זמן של התבוננות שקטה. שאלו: האם רדפתי אחר כוח רוחני על פני טוהר רוחני?
- התפללו על אלו הסובלים מעינויים בלתי פוסקים. אל תבטיחו חופש מיידי - הבטיחו **תלמידות**.
- למדו את ההבדל בין **פרי הרוח** (גלטים ה':22-23) לבין **התגלויות נפשיות** (רעידות, חום, חזיונות).
- לשרוף או להשמיד כל חפץ של העידן החדש: סמלי צ'אקרה, קריסטלים, מחצלות יוגה, ספרים, שמנים, "קלפי ישו."

תובנה מרכזית

יש **קו** שאפשר לחצות - כאשר הנשמה הופכת לשער פתוח ומסרבת להיסגר. רוחך עשויה להינצל... אבל נשמתך וגופך עדיין עשויים לחיות בייסורים אם טומאת על ידי אור נסתר.

יומן רפלקציה

- האם אי פעם רדפתי אחר כוח, אש או ראייה נבואית יותר מאשר אחר קדושה ואמת?
- האם פתחתי דלתות באמצעות מנהגים "נוצריים" של העידן החדש?
- האם אני מוכן **ללכת מדי יום** עם אלוהים גם אם גאולה מלאה אורכת שנים?

תפילת הישרדות

אבא, אני זועק לרחמים. אני מוותר על כל רוח נחש, כוח קונדליני, פתיחת עין שלישית, אש כוזבת, או זיוף של העידן החדש שנגעתי בו אי פעם. אני מוסר את נשמתי - שבורה ככל שהיא - בחזרה אליך. ישוע, הציל אותי לא רק מחטא, אלא גם מייסורים. סגור את שערי. רפא את דעתי. עצום את עיניי. רסק את הנחש בעמוד השדרה שלי. אני מחכה לך, אפילו בכאב. ולא אוותר. בשם ישוע. אמן.

יום 33: רוח הנחש שבפנים - כאשר הגאולה מגיעה מאוחר מדי

"עיניהם מלאות ניאוף... הם מפתים נשמות לא יציבות... הם הלכו בדרך בלעם... אשר לו שמור חושך לנצח." - פטרוס ב' ב':17-14

"אל תטעו: אי אפשר ללעוג לאלוהים. אדם קוצר את אשר זרע." - גלטים ו':7

ישנה זיוף שטני שמציג את עצמו כהארה. הוא מרפא, מעניק אנרגיה, מעצים - אבל רק לזמן קצר. הוא לוחש תעלומות אלוהיות, פותח את "העין השלישית" שלך, משחרר כוח בעמוד השדרה - ואז **משעבד אותך בייסורים**.

זהו **קונדליני**.

רוח **הנחש**.

"רוח הקודש" השקרית של העידן החדש.

לאחר הפעלתו - באמצעות יוגה, מדיטציה, סמים פסיכדליים, טראומה או טקסים נסתרים - כוח זה מתפתל בבסיס עמוד השדרה ועולה כמו אש דרך הצ'אקרות. רבים מאמינים שזו התעוררות רוחנית. האמת היא שזו **אחוזה דמונית** במסווה של אנרגיה אלוהית.

אבל מה קורה כשהוא **לא נעלם**?

סיפור אמיתי - "אני לא יכול לכבות את זה"

מריסה, אישה נוצרייה צעירה מקנדה, התנסתה ב"יוגה נוצרית" לפני שנתנה את חייה למשיח. היא אהבה את התחושות השלוות, את הוויברציות, את חזיונות האור. אבל אחרי מפגש אינטנסיבי אחד שבו הרגישה את עמוד השדרה שלה "מתלקח", היא איבדה את הכרתה - והתעוררה בלי יכולת לנשום. באותו לילה, משהו התחיל **לייסר את שנתה**, סובב את גופה, הופיע כ"ישו" בחלומותיה - אבל לועג לה.

היא קיבלה **גאולה** חמש פעמים. הרוחות היו עוזבות - אך חוזרות. עמוד השדרה שלה עדיין רטט. עיניה ראו אל תוך עולם הרוחות ללא הרף. גופה היה נע באופן לא רצוני. למרות הישועה, היא עברה כעת דרך גיהנום שמעטים נוצרים מבינים. רוחה ניצלה - אך נשמתה נפגעה, **נסדקה ונקרעה לחתיכות**.

התוצאות שאף אחד לא מדבר עליהן

•**עיניים שלישיות נשארות פקוחות** : חזיונות מתמידים, הזיות, רעש רוחני, "מלאכים" שמדברים שקרים.
•**הגוף לא מפסיק לרטוט** : אנרגיה בלתי נשלטת, לחץ בגולגולת, דפיקות לב.
•**עינוי בלתי פוסק** : אפילו לאחר 10+ מפגשי גאולה.
•**בידוד** : כמרים לא מבינים. כנסיות מתעלמות מהבעיה. האדם מתויג כ"לא יציב".
•**פחד מהגיהנום** : לא בגלל החטא, אלא בגלל הייסורים שמסרבים להיגמר.

האם נוצרים יכולים להגיע לנקודת אל-חזור?
כן - בחיים האלה. אתם יכולים **להיוושע** , אבל כל כך מקוטעים **שנשמתכם מתייסרת עד מוות** .

זו לא הסחת פחד. זוהי **אזהרה נבואית** .
דוגמאות גלובליות

•**אפריקה** - נביאי שקר משחררים אש קונדליני במהלך תפילות - אנשים מתעוותים, קצפים, צוחקים או שואגים.
•**אסיה** - מאסטרים של יוגה עולים ל"סידהי" (דיבוק שדי) וקוראים לזה תודעה אלוהית.
•**אירופה/צפון אמריקה** – תנועות ניאו-כריזמטיות המתעלות "ממלכות תהילה", נביחות, צחוקים, נפילות בלתי נשלטות – לא של אלוהים.
•**אמריקה הלטינית** - התעוררויות שמאניות המשתמשות באיאוואסקה (תרופות צמחיות) כדי לפתוח דלתות רוחניות שאינן יכולות לסגור.

תוכנית פעולה - אם הגזמתם

1. **התוודו על הפורטל המדויק** : קונדליני יוגה, מדיטציות עין שלישית, כנסיות העידן החדש, פסיכדלים וכו'.
2. **הפסק את כל רדיפת הגאולה** : יש רוחות שמתענות זמן רב יותר כשאתה ממשיך להעצים אותן בפחד.
3. **עגנו את עצמכם בכתובים** מדי יום - במיוחד תהילים קי"ט, ישעיהו ס"א ויוחנן א'. אלה מחדשים את הנשמה.
4. **הגשה לקהילה** : מצא לפחות מאמין אחד מלא רוח הקודש ללכת איתו. בידוד מעצים שדים.

5. **ויתרו על כל "ראייה" רוחנית, אש, ידע, אנרגיה** - גם אם זה מרגיש קדוש.
6. **בקשו מאלוהים רחמים** - לא פעם אחת. מדי יום. מדי שעה. התמידו. אלוהים אולי לא יסיר זאת בן רגע, אבל הוא יישא אתכם.

בקשת קבוצה

- ערכו זמן של התבוננות שקטה. שאלו: האם רדפתי אחר כוח רוחני על פני טוהר רוחני?
- התפללו על אלו הסובלים מעינויים בלתי פוסקים. אל תבטיחו חופש מיידי - הבטיחו **תלמידות**.
- למדו את ההבדל בין **פרי הרוח** (גלטים ה':22-23) לבין **התגלויות נפשיות** (רעידות, חום, חזיונות).
- לשרוף או להשמיד כל חפץ של העידן החדש: סמלי צ'אקרה, קריסטלים, מחצלות יוגה, ספרים, שמנים, "קלפי ישו".

תובנה מרכזית

יש **קו** שאפשר לחצות - כאשר הנשמה הופכת לשער פתוח ומסרבת להיסגר. רוחך עשויה להינצל... אבל נשמתך וגופך עדיין עשויים לחיות בייסורים אם טומאת על ידי אור נסתר.

יומן רפלקציה

- האם אי פעם רדפתי אחר כוח, אש או ראייה נבואית יותר מאשר אחר קדושה ואמת?
- האם פתחתי דלתות באמצעות מנהגים "נוצריים" של העידן החדש?
- האם אני מוכן **ללכת מדי יום** עם אלוהים גם אם גאולה מלאה אורכת שנים?

תפילת הישרדות

אבא, אני זועק לרחמים. אני מוותר על כל רוח נחש, כוח קונדליני, פתיחת עין שלישית, אש כוזבת, או זיוף של העידן החדש שנגעתי בו אי פעם. אני מוסר את נשמתי - שבורה ככל שהיא - בחזרה אליך. ישוע, הציל אותי לא רק מחטא, אלא גם מייסורים. סגור את שערי. רפא את דעתי. עצום את עיניי. רסק את הנחש בעמוד השדרה שלי. אני מחכה לך, אפילו בכאב. ולא אוותר. בשם ישוע. אמן.

יום 34: בונים חופשיים, חוקים וקללות - כאשר אחווה הופכת לשעבוד

א"ל *תשתף פעולה עם מעשי החושך הלא פוריים, אלא חשף אותם."* - אפסים ה' 11.

"לא תכרות להם ברית ולא עם אלוהיהם." - שמות כ"ג 32.

אגודות סודיות מבטיחות הצלחה, קשר וחוכמה עתיקה. הן מציעות **שבועות, תארים וסודות** שהועברו "לאנשים טובים". אבל מה שרוב האנשים לא מבינים הוא: אגודות אלה הן **מזבחות ברית** , שלעתים קרובות בנויות על דם, הונאה ונאמנות דמונית.

מהבונים החופשיים ועד לקבלה, מהרוזנצרויצרים ועד לגולגולת ועצמות - ארגונים אלה אינם רק מועדונים. הם **חוזים רוחניים** , שנוצרו בחושך ונחתמים בטקסים **שמקללים דורות** .

חלקם הצטרפו מרצונם. לאחרים היו אבות קדמונים שהצטרפו.

כך או כך, הקללה נשארת - עד שהיא נשברת.

מורשת נסתרת - סיפורו של ג'ייסון

לג'ייסון, בנקאי מצליח בארה"ב, היה הכל לטובתו - משפחה יפה, עושר והשפעה. אבל בלילה, הוא היה מתעורר נחנק, רואה דמויות עם ברדסים ושומע לחשים בחלומותיו. סבו היה בונה חופשי מדרגה 33, וג'ייסון עדיין ענד את הטבעת.

פעם הוא אמר בצחוק את נדריו של הבונים החופשיים באירוע במועדון - אבל ברגע שעשה זאת, **משהו חדר לתוכו** . תודעתו החלה להישבר. הוא שמע קולות. אשתו עזבה אותו. הוא ניסה לשים לזה סוף.

בריטריט, מישהו הבחין בקשר המאסוני. ג'ייסון בכה כשהתנער **מכל שבועה** , שבר את הטבעת, ועבר גאולה במשך שלוש שעות. באותו לילה, לראשונה מזה שנים, הוא ישן בשלווה.

העדות שלו?

"אתה לא מתבדח עם מזבחות סודיים. הם מדברים - עד שאתה גורם להם לסתום את הפה בשם ישו."

הרשת הגלובלית של האחווה

- **אירופה** - הבונים החופשיים מושרשים עמוק בעסקים, בפוליטיקה ובזרמים הכנסייתיים.
- **אפריקה** - אילומינטי ומסדרים סודיים המציעים עושר בתמורה לנשמות; כתות באוניברסיטאות.
- **אמריקה הלטינית** - הסתננות ישועית וטקסים מסוניים מעורבבים עם מיסטיקה קתולית.
- **אסיה** - בתי ספר למסתורין עתיקים, כהונות מקדשיות קשורות לשבועות דורות.
- **צפון אמריקה** - Eastern Star, Scottish Rite, אחוות כמו Skull & Bones, אליטות Bohemian Grove.

כתות אלה לעתים קרובות מעוררות "אלוהים", אך לא את **אלוהי התנ"ך** - הן מתייחסות **לאדריכל הגדול**, כוח לא אישי הקשור **לאור לוציפריאני**.

סימנים שאתה מושפע

- מחלה כרונית שרופאים לא יכולים להסביר.
- פחד מקידום או פחד מפרידה ממערכות משפחתיות.
- חלומות על גלימות, טקסים, דלתות סודיות, לשכות או טקסים מוזרים.
- דיכאון או טירוף בקו הגברי.
- נשים המתמודדות עם עקרות, התעללות או פחד.

תוכנית פעולה לגאולה

1. **ויתרו על כל השבועות הידועות** – במיוחד אם אתם או משפחתכם הייתם חלק מהבונים החופשיים, הרוזנקרויצרים, כוכב המזרח, הקבלה או כל "אחווה" אחרת.
2. **לשבור כל דרגה** - מהשוליה שנכנסה ועד לדרגה ה-33, בשמם.
3. **השמידו את כל הסמלים** - טבעות, סינרים, ספרים, תליונים, תעודות וכו'.
4. **סגור את השער** - מבחינה רוחנית ומשפטית באמצעות תפילה והצהרה.

השתמשו בפסוקים הבאים:

- ישעיהו כ"ח, 18 - "תבטל בריתכם עם המות".
- גלטים ג' 13 - "המשיח גאל אותנו מקללת התורה".
- יחזקאל י"ג:20–23 - "אקרע את צעיכיכם ואשחרר את עמי".

בקשת קבוצה

- שאל אם למישהו מהחברים היו הורים או סבים וסבתות באגודות סודיות.
- הובל **ויתור מודרך** דרך כל דרגות הבונים החופשיים (ניתן ליצור כתב מודפס לכך).
- השתמשו במעשים סמליים - שרפו טבעת ישנה או ציירו צלב על המצח כדי לבטל את "העין השלישית" שנפתחה בטקסים.
- התפללו על מוחות, צווארים וגב - אלה הם מקומות נפוצים של שעבוד.

תובנה מרכזית

אחווה ללא דם המשיח היא אחווה של עבדות.
עליך לבחור: ברית עם אדם או ברית עם אלוהים.

יומן רפלקציה

- האם מישהו במשפחתי היה מעורב בבונים החופשיים, במיסטיקה או בשבועות סודיות?
- האם דקלמתי או חיקיתי, מבלי דעת, נדרים, אמונות או סמלים הקשורים לאגודות סודיות?
- האם אני מוכן לשבור את מסורת המשפחה כדי ללכת באופן מלא בברית אלוהים?

תפילת ויתור

אבא, בשם ישוע, אני מתנער מכל ברית, שבועה או טקס הקשורים לבונים החופשיים, לקבלה או לכל אגודה סודית - בחיי או בשושלת דמי. אני שובר כל דרגה, כל שקר, כל זכות דמונית שהוענקה לי באמצעות טקסים או סמלים. אני מצהיר שישוע המשיח הוא האור היחיד שלי, האדריכל היחיד שלי ואדוני היחיד. אני מקבל חירות עכשיו, בשם ישוע. אמן.

יום 35: מכשפות בספסלים - כאשר הרשע נכנס דרך דלתות הכנסייה

"כי אנשים כאלה הם שליחי שקר, פועלים רמאים, המתחזים לשליחי המשיח. ואין פלא, כי אפילו השטן מתחזה למלאך אור." - קורינתים ב' י"א 13-14

"אני יודע את מעשיך, את אהבתך ואת אמונתך... אך דבר זה יש לי נגדך: אתה סובל את האישה איזבל, הקוראת לעצמה נביאה..." - התגלות ב' 19-20

המכשפה המסוכנת ביותר היא לא זו שעפה בלילה.

זו **שיושבת לידך בכנסייה**.

הם לא לובשים גלימות שחורות ולא רוכבים על מטאטאים.

הם מובילים אסיפות תפילה. שרים בצוותי פולחן. מתנבאים בלשונות. כוהנים בכנסיות. ובכל זאת... הם **נשאים של חושך**.

חלקם יודעים בדיוק מה הם עושים - נשלחים כמתנקשים רוחניים.

אחרים הם קורבנות של כישוף או מרד אבות קדמונים, הפועלים עם מתנות **טמאות**.

הכנסייה ככיסוי - סיפורה של "מרים"

מרים הייתה כומר גאולה פופולרי בכנסייה גדולה במערב אפריקה. קולה ציווה על השדים לברוח. אנשים נסעו ברחבי אומות כדי להימשח על ידה.

אבל למרים היה סוד: בלילה, היא הייתה יוצאת מגופה. היא הייתה רואה את בתיהם של חברי הכנסייה, את חולשותיהם ואת שושלתם. היא חשבה שזהו "הנבואי".

כוחה גדל. אבל כך גם ייסוריה.

היא החלה לשמוע קולות. לא יכלה לישון. ילדיה הותקפו. בעלה עזב אותה.

לבסוף היא הודתה: היא "הופעלה" כילדה על ידי סבתה, מכשפה רבת עוצמה שגרמה לה לישון תחת שמיכות מקוללות.

"חשבתי שאני מלא ברוח הקודש. זו הייתה רוח... אבל לא קדושה."

היא עברה גאולה. אבל המלחמה מעולם לא פסקה. היא אומרת:

"אם לא הייתי מודה, הייתי מת על מזבח באש... בכנסייה."

מצבים עולמיים של כישוף נסתר בכנסייה

- **אפריקה** - קנאה רוחנית. נביאים המשתמשים בניבוי עתידות, טקסים, רוחות מים. מזבחות רבים הם למעשה פורטלים.
- **אירופה** - מדיומים על-חושיים המתחזים ל"מאמנים רוחניים". כישוף עטוף בנצרות של העידן החדש.
- **אסיה** - כוהנות מקדש נכנסות לכנסיות כדי לזרוע קללות ולהמיר את דמותן של צגים אסטרליים.
- **אמריקה הלטינית** - סנטריה - "כמרים" מתרגלים שמטיפים לגאולה אך מקריבים תרנגולות בלילה.
- **צפון אמריקה** - מכשפות נוצריות הטוענות ל"ישו וטארוט", מרפאות אנרגיה על במות כנסיות, וכמרים המעורבים בטקסי הבונים החופשיים.

סימנים של כישוף הפועל בכנסייה

- אווירה כבדה או בלבול במהלך התפילה.
- חלומות על נחשים, סקס או בעלי חיים לאחר שירותים.
- הנהגה נופלת לחטא או שערורייה פתאומית.
- "נבואות" שמפעילות מניפולציות, מפחות או מביישות.
- כל מי שאומר "אלוהים אמר לי שאתה בעלי/אשתי".
- חפצים מוזרים שנמצאו ליד הדוכן או המזבחות.

תוכנית פעולה לגאולה

1. **התפללו לאבחנה** - בקשו מרוח הקודש לגלות אם יש מכשפות נסתרות בחברתכם.
2. **בחן כל רוח** - גם אם היא נשמעת רוחנית (יוחנן א' ד':1).
3. **נתק קשרי נשמה** - אם מישהו טמא התפלל עבורך, ניבאו לך או נגע בך, **וותר על כך** .
4. **התפללו על כנסייתכם** - הכריזו על אש אלוהים שתחשוף כל מזבח נסתר, חטא סודי ועלוקה רוחנית.
5. **אם אתם קורבן** - פנו לעזרה. אל תישארו בשקט או לבד.

בקשת קבוצה

- שאלו את חברי הקבוצה: האם אי פעם הרגשתם לא בנוח או שהרגשתם פגיעה רוחנית בטקס בכנסייה?
- הובל **תפילת ניקוי קהילתית** עבור החברותא.
- משחו כל אדם והכריזו על **חומת אש רוחנית** סביב מוחות, מזבחות ומתנות.
- למדו מנהיגים כיצד **לסנן מתנות** ולבחון **רוחות** לפני שהם מאפשרים לאנשים לתפקידים גלויים.

תובנה מרכזית
לא כל מי שאומר "אדון, אדון" הוא מאת האדון.
הכנסייה היא **שדה הקרב העיקרי** לזיהום רוחני - אבל גם מקום הריפוי כאשר האמת נשמרת.

יומן רפלקציה

- האם קיבלתי תפילות, הדרכות או הדרכה ממישהו שחייו נשאו פרי לא קדוש?
- האם היו פעמים שהרגשתי "לא בסדר" אחרי הכנסייה, אבל התעלמתי ממנה?
- האם אני מוכן להתעמת עם כישוף גם אם הוא לובש חליפה או שר על הבמה?

תפילה של חשיפה וחופש
אדון ישוע, אני מודה לך על היותך האור האמיתי. אני מבקש ממך כעת לחשוף כל סוכן חושך נסתר הפועל בחיי ובחברתי או סביבם. אני מתנער מכל העברת מסר טמאה, נבואה כוזבת או קשר נשמה שקיבלתי ממתחזים רוחניים. טהר אותי בדמך. טהר את מתנותיי. שמור על שעריי. שרוף כל רוח מזויפת באשך הקדושה. בשם ישוע. אמן.

יום 36: לחשים מקודדים - כאשר שירים, אופנה וסרטים הופכים לפורטלים

א"ל *תקחו חלק במעשיו הלא פוריים של החושך, אלא חשפו אותם."* - אפסים ה':11

אל תעסקו במיתוסים חסרי אלוהים ובאגדות זקנות; אלא התאמנו להיות יראי" אלוהים." - טימותיאוס א' ד':7

לא כל קרב מתחיל בקרבן דם.

חלקם מתחילים בקצב . מנגינה.

"שיר קליט שנדבק בנשמתך. או **סמל** על הבגדים שלך שחשבת שהוא "מגניב.

או מופע "לא מזיק" שאתה צופה בו בזמן ששדים מחייכים בצללים.

בעולם המקושר יתר על המידה של ימינו, כישוף **מוצפן** - מסתתר **לעין** דרך התקשורת, המוזיקה, הסרטים והאופנה.

צליל חשוך - סיפור אמיתי: "האוזניות"

אלייז'ה, נער בן 17 בארה"ב, החל לחוות התקפי חרדה, לילות ללא שינה וחלומות דמוניים. הוריו הנוצרים חשבו שזה לחץ.

אבל במהלך מפגש גאולה, רוח הקודש הורתה לצוות לשאול על **המוזיקה שלו** .

הוא הודה: "אני מקשיב לטראפ מטאל. אני יודע שזה אפל... אבל זה עוזר לי "להרגיש חזק.

. כשהקבוצה ניגנה את אחד משיריו האהובים בתפילה, התרחשה **התגלמות**

הקצב קודד עם **רצועות מזמורים** מטקסים נסתרים. הסתרה לאחור חשפה ביטויים כמו "היכנע לנשמתך" ו"לוציפר מדבר".

ברגע שאליהו מחק את המוזיקה, התחרט, וויתר על הקשר, השלום חזר.

. המלחמה חדרה דרך **שערי אוזניו**

דפוסי תכנות גלובליים

- **אפריקה** – שירי אפרוביט הקשורים לטקסי כסף; רמיזות ל"ג'וג'ו" חבויות במילים; מותגי אופנה עם סמלי ממלכה ימית.
- **אסיה** - קיי-פופ עם מסרים מיניים ותיעול רוחניים תת-הכרתיים; דמויות

אנימה ספוגות באמונה של שדים שינטואיסטיים.

- **אמריקה הלטינית** - רגאטון מקדם שירי סנטריה ולחשים מקודדים לאחור.
- **אירופה** - בתי אופנה (גוצ'י, בלנסיאגה) משלבים דימויים וטקסים שטניים בתרבות המסלול.
- **צפון אמריקה** - סרטי הוליווד המקודדים בכישוף (מארוול, אימה, סרטי "אור נגד חושך"); סרטים מצוירים המשתמשים בכישוף כבילוי.

Common Entry Portals (and Their Spirit Assignments)

Media Type	Portal	Demonic Assignment
Music	Beats/samples from rituals	Torment, violence, rebellion
TV Series	Magic, lust, murder glorification	Desensitization, soul dulling
Fashion	Symbols (serpent, eye, goat, triangles)	Identity confusion, spiritual binding
Video Games	Sorcery, blood rites, avatars	Astral transfer, addiction, occult alignment
Social Media	Trends on "manifestation," crystals, spells	Sorcery normalization

תוכנית פעולה – להבחין, לניקוי רעלים, להגן

1. **בדקו את רשימת ההשמעה, המלתחה והיסטוריית הצפייה שלכם** . חפשו תוכן נסתר, תאוותני, מרדני או אלים.
2. **בקש מרוח הקודש לחשוף** כל השפעה טמאה.
3. **מחק והשמד** . אין למכור או לתרום. לשרוף או להשליך כל דבר שטני - פיזי או דיגיטלי.
4. **משחו את כליכם** , חדרכם ואוזניכם. הכריזו עליהם כקדושים לתפארת אלוהים.
5. **החלף באמת** : מוזיקת פולחן, סרטים אלוהיים, ספרים וקריאות כתבי

הקודש שיחדשו את דעתך.

בקשת קבוצה

- הובילו את החברים ב"מלאי מדיה". תנו לכל אדם לרשום תוכניות, שירים או פריטים שהוא חושד שעשויים להיות פורטלים.
- התפללו דרך טלפונים ואוזניות. משחו אותם.
- בצעו "צום ניקוי רעלים" קבוצתי - 3 עד 7 ימים ללא מדיה חילונית. הזינו רק מדבר אלוהים, פולחן וחברותא.
- עדות על התוצאות בפגישה הבאה.

תובנה מרכזית
שדים כבר לא צריכים מקדש כדי להיכנס לביתך. כל מה שהם צריכים זה את הסכמתך ללחוץ על כפתור ההפעלה.

יומן רפלקציה

- מה צפיתי, שמעתי או לבשתי שיכול להיות דלת פתוחה לדיכוי?
- האם אני מוכן לוותר על מה שמשעשע אותי אם זה גם משעבד אותי?
- האם נורמליזציתי מרד, תאווה, אלימות או לעג בשם ה"אמנות"?

תפילת טיהור

אדון ישוע, אני בא לפניך ומבקש ניקוי רעלים רוחני מלא. חשוף כל כישוף מקודד שהכנסתי לחיי דרך מוזיקה, אופנה, משחקים או מדיה. אני מתחרט על כך שצפיתי, לבשתי והקשבתי למה שמבייש אותך. היום, אני מנתק את קשרי הנשמה. אני מגרש כל רוח של מרד, כישוף, תאווה, בלבול או ייסורים. נקה את עיניי, אוזניי וליבי. אני מקדיש כעת את גופי, המדיה והבחירות שלי לך בלבד. בשם ישוע. אמן.

יום 37: מזבחות הכוח הבלתי נראים - הבונים החופשיים, הקבלה ואליטות הנסתר

"שוב לקח אותו השטן להר גבוה מאוד והראה לו את כל ממלכות העולם ואת תפארתן. 'את כל זאת אתן לך', אמר, 'אם תשתחווה ותשתחווה לי'." - מתי ד': 8-9

"אינכם יכולים לשתות גם את כוס האדון וגם את כוס השדים; אינכם יכולים להיות חלק גם בשולחן האדון וגם בשולחן השדים." - קורינתים א' י': 21

ישנם מזבחות המוסתרים לא במערות, אלא בחדרי ישיבות.

רוחות לא רק בג'ונגלים - אלא גם באולמות ממשלה, מגדלי פיננסים, ספריות של ליגת הקיסוס ובמקדשים המחופשים ל"כנסיות".

ברוכים הבאים לממלכת האליטה של **תורת הנסתר**:

בונים חופשיים, רוזנקרויצרים , מקובלים , מסדרים ישועיים, כוכבי מזרח, וכמרים לוציפריאניים נסתרים, אשר **מסווים את מסירותם לשטן בטקסים, סודיות וסמלים** . האלים שלהם הם תבונה, כוח וידע עתיק - אך נשמותיהם **מחויבות לחושך** .

מוסתר לעין

- **הבונים החופשיים** מתחזה לאחווה של בונים - אך דרגותיה הגבוהות יותר מעוררות ישויות דמוניות, נשבעות שבועות מוות ומרוממות את לוציפר כ"נושא אור".
- **הקבלה** מבטיחה גישה מיסטית לאלוהים - אך היא מחליפה בעדינות את יהוה במפות אנרגיה קוסמיות ובנומרולוגיה.
- **המיסטיקה הישועית** , בצורותיה המושחתות, משלבת לעתים קרובות דימויים קתוליים עם מניפולציה רוחנית ושליטה במערכות העולם.
- **הוליווד**, **אופנה**, **פיננסים ופוליטיקה**, כולם נושאים מסרים מוצפנים, סמלים ו**טקסים ציבוריים שהם למעשה שירותי פולחן ללוציפר** .

אתה לא צריך להיות סלבריטאי כדי להיות מושפע. מערכות אלה **מזהמות מדינות** באמצעות:

- תכנות מדיה
- מערכות חינוך
- פשרה דתית
- תלות כלכלית
- טקסים במסווה של "חניכות", "התחייבויות" או "עסקאות מותג"

סיפור אמיתי - "הלודג' הרס את שושלתי"

שלמה (שם שונה), איל עסקים מצליח מבריטניה, הצטרף ללשכה המסונית כדי ליצור קשרים. הוא התקדם במהירות, צבר עושר ויוקרה. אבל הוא גם החל לחוות סיוטים מפחידים - גברים בגלימות שזימנו אותו, שבועות דם, חיות אפלות רודפות אחריו. בתו החלה לחתוך את עצמה, בטענה ש"נוכחות" גרמה לה לעשות זאת.

לילה אחד, הוא ראה אדם בחדרו - חצי אדם, חצי תן - שאמר לו: *"אתה שלי. המחיר שולם."* הוא פנה למשרד גאולה. זה לקח **שבעה חודשים של ויתור, צום, טקסי הקאה והחלפת כל קשר נסתר** - לפני שהגיע השלום.

מאוחר יותר הוא גילה: **סבו היה בנאי בדרגה 33. הוא רק המשיך את המורשת מבלי דעת.**

טווח הגעה גלובלי

- **אפריקה** - אגודות סודיות בקרב שליטים שבטיים, שופטים, כמרים - נשבעות אמונים לשבועות דם בתמורה לשלטון.
- **אירופה** - אבירי מלטה, לשכות אילומיניסטיות ואוניברסיטאות אזוטריות מהשורה הראשונה.
- **צפון אמריקה** - יסודות הבונים החופשיים תחת רוב מסמכי היסוד, מבני בתי המשפט ואפילו כנסיות.
- **אסיה** - כתות דרקון נסתרות, מסדרים אבות קדמונים וקבוצות פוליטיות המושרשות בהיברידים של בודהיזם-שאמאניזם.
- **אמריקה הלטינית** - כתות סינקרטיות המשלבות קדושים קתולים עם רוחות לוציפריאניות כמו סנטה מוארטה או באפומט.

תוכנית פעולה - בריחה ממזבחות עילית

1. **ויתרו על** כל מעורבות בבונים החופשיים, כוכב המזרח, שבועות ישועיות,

ספרים גנוסטיים או מערכות מיסטיות - אפילו לימוד "אקדמי" של כאלה.
2. **השמידו** תמיכות, טבעות, סיכות, ספרים, סינרים, תמונות וסמלים.
3. **שברו קללות מילוליות** - במיוחד שבועות מוות ונדרי חניכה. השתמשו בישעיהו כ"ח:18 ("בריתכם עם המוות תבוטל...").
4. **צום 3 ימים** תוך כדי קריאת יחזקאל ח', ישעיהו מ"ז והתגלות י"ז.
5. **החלפת המזבח**: הקדש את עצמך מחדש למזבח המשיח בלבד (רומים י"ב: 1-2). סעודת הקודש. עבודת קודש. משיחה.

אי אפשר להיות בו זמנית בחצרות גן עדן ובחצרות לוציפר. בחרו את המזבח שלכם.
בקשת קבוצה

- מפו את ארגוני האליטה הנפוצים באזורכם - והתפללו ישירות נגד השפעתם הרוחנית.
- קיום מפגש בו חברים יוכלו להתוודות בסודיות אם משפחותיהם היו מעורבות בבנייה החופשית או בכתות דומות.
- הביאו שמן ואדון - הובילו ויתור המוני על שבועות, טקסים וחותמות שנעשו בסתר.
- שברו גאווה - הזכירו לקבוצה: **שום גישה לא שווה את נשמתכם.**

תובנה מרכזית
אגודות סודיות מבטיחות אור. אבל רק ישוע הוא אור העולם. כל מזבח אחר דורש דם - אבל לא יכול להושיע.
יומן רפלקציה

- האם מישהו משושלת הדם שלי היה מעורב באגודות סודיות או ב"מסדרים"?
- האם קראתי או שהיו ברשותי ספרי אוקולט במסווה של טקסטים אקדמיים?
- אילו סמלים (פנטגרמות, עיניים רואות-כל, שמשות, נחשים, פירמידות) חבויים בבגדים, באמנות או בתכשיטים שלי?

תפילת ויתור
אבא, אני מתנער מכל אגודה סודית, לשכה, שבועה, טקס או מזבח שלא נוסדו על ישוע המשיח. אני מפר את בריתות אבותיי, את שושלת דמי ואת פי שלי. אני דוחה את הבונים החופשיים, הקבלה, המיסטיקה וכל ברית נסתרת

שנכרתה למען כוח. אני משמיד כל סמל, כל חותם וכל שקר שהבטיחו אור אך העבירו שעבוד. ישוע, אני ממליך שוב כאדוני היחיד. האר את אורך לכל מקום סודי. בשמך, אני מהלך חופשי. אמן.

יום 38: בריתות רחם וממלכות מים - כאשר הגורל מטמא לפני הלידה

מ".נזורים רשעים מן הרחם, תועים מלידתם, מדברי שקר." - תהילים נ"ח, ג
.בטרם יצרך בבטן ידעתיך, בטרם לידת הקדשתי אותך..." - ירמיהו א', ה"

מה אם הקרבות שאתה מנהל לא התחילו בבחירות שלך - אלא בתפיסה שלך?

?מה אם שמך היה נאמר במקומות חשוכים עוד כשהיית ברחם

מה אם **זהותך הייתה מוחלפת**, **גורלך הייתה נמכרת**, ונשמתך **הייתה מסומנת** - לפני שנשמת את נשימתך הראשונה?

זוהי המציאות של **חניכה תת-ימית**, **בריתות עם רוחות ימיות** ותביעות **על רחם נסתרת** הקושרות **דורות**, במיוחד באזורים עם טקסים עמוקים של אבות קדמונים וחופים.

ממלכת המים - כס השטן למטה

בעולם הבלתי נראה, השטן שולט **ביותר מאשר רק באוויר**. הוא שולט גם **בעולם הימי** - רשת דמונית עצומה של רוחות, מזבחות וטקסים מתחת לאוקיינוסים, נהרות ואגמים.

רוחות ים (הנקראות בדרך כלל *מאמי וואטה*, *מלכת החוף*, *נשות/בעלים רוחניים* וכו') אחראיות על:

- מוות בטרם עת
- עקרות והפלות
- שעבוד מיני וחלומות
- ייסורים נפשיים
- ייסורים אצל יילודים
- דפוסי עלייה וקריסה של עסקים

אבל איך הרוחות האלה משיגות **בסיס חוקי**?

ברחם.

חניכות בלתי נראות לפני הלידה

- **הקדשות אבות** - ילד "הובטח" לאל אם נולד בריא.
- **כוהנות נסתרות** נוגעות ברחם במהלך ההריון.
- **שמות ברית** שניתנו על ידי משפחה - לכבוד מלכות או רוחות ים מבלי דעת.
- **טקסי לידה** הנעשים עם מי נהר, קמעות או עשבי תיבול ממקדשים.
- **קבורת חבל הטבור** עם לחשים.
- **הריון בסביבות נסתרות** (למשל, לשכות הבונים החופשיים, מרכזי העידן החדש, כתות פוליגמיות).

יש ילדים שנולדים כשהם כבר משועבדים. זו הסיבה שהם צורחים באלימות בלידה - רוחם חשה חושך.

סיפור אמיתי - *"התינוק שלי היה שייך לנהר"*

ג'סיקה, מסיר לאון, ניסתה להיכנס להריון במשך 5 שנים. לבסוף, היא נכנסה להריון לאחר ש"נביא" נתן לה סבון להתרחץ איתו ושמן למרוח על רחמה. התינוק נולד חזק - אך בגיל 3 חודשים החל לבכות ללא הפסקה, תמיד בלילה. הוא שנא מים, צרח במהלך אמבטיות, והיה רועד ללא שליטה כשהוא נלקח ליד הנהר.

יום אחד, בנה התכווץ ומת למשך 4 דקות. הוא התעורר לחיים - והחל **לדבר במילים מלאות בגיל 9 חודשים** : "אני לא שייך לכאן. אני שייך למלכה."

ג'סיקה, מבועתת, ביקשה גאולה. הילד שוחרר רק לאחר 14 ימים של צום ותפילות ויתור - בעלה נאלץ להשמיד פסל משפחתי שהוסתר בכפרו לפני שהייסורים פסקו.

תינוקות לא נולדים ריקים. הם נולדים לקרבות שעלינו להילחם בשמם.

מקבילות גלובליות

- **אפריקה** - מזבחות נהרות, הקדשות מאמי ווטה , טקסי שליה.
- **אסיה** - רוחות מים המופעלות במהלך לידות בודהיסטיות או אנימיסטיות.
- **אירופה** - בריתות מיילדות דרואידיות, טקסי מים של אבות קדומים , הקדשות של הבונים החופשיים.
- **אמריקה הלטינית** - מתן שמות לסנטריה, רוחות נהרות (למשל, אושון), לידה תחת מפות אסטרולוגיה.
- **צפון אמריקה** - טקסי לידה בסגנון העידן החדש, לידה בהיפנוזה עם מדריכים רוחניים, "טקסי ברכה" על ידי מדיומים.

סימנים של שעבוד ביוזמת הרחם

- דפוסי הפלה חוזרים על פני דורות
- ביעותי לילה אצל תינוקות וילדים
- אי פוריות בלתי מוסברת למרות אישור רפואי
- חלומות מים בלתי פוסקים (אוקיינוסים, שיטפונות, שחייה, בתולות ים)
- פחד לא רציונלי ממים או טביעה
- תחושה של "תביעה" - כאילו משהו צופה מלידה

תוכנית פעולה - *שבירת ברית הרחם*

1. **בקשו מרוח הקודש** לגלות אם אתם (או ילדכם) חניכו את ילדכם באמצעות טקסי רחם.
2. **ויתרו על** כל ברית שנכרתה במהלך ההריון - ביודעין או שלא ביודעין.
3. **התפללו על סיפור הלידה שלכם** - גם אם אמכם אינה זמינה, דברו כשומרת הסף הרוחנית החוקית של חייכם.
4. **צום עם ישעיהו מ"ט ותהילים קל"ט** - כדי להשיב לעצמך את התוכנית האלוהית שלך.
5. **אם את בהריון** : משחי את בטנך ודברי מדי יום על ילדך שטרם נולד:

"אתם הוקדשתם לאדון. שום רוח מים, דם או חושך לא תשלוט בכם. אתם שייכים לישוע המשיח - גוף, נשמה ורוח."

בקשת קבוצה

- בקשו מהמשתתפים לכתוב את מה שהם יודעים על סיפור הלידה שלהם - כולל טקסים, מיילדות או אירועי מתן שמות.
- עודדו הורים להקדיש את ילדיהם מחדש ל"שירות מתן שם וברית המתמקד במשיח".
- הובל תפילות להפרת בריתות מים באמצעות *ישעיהו כ"ח:18* , *קולוסים ב':14* והתגלות *י"ב:11* .

תובנה מרכזית

הרחם הוא שער - ומה שעובר דרכו נכנס לעתים קרובות עם מטען רוחני. אבל שום מזבח רחם אינו גדול מהצלב.

יומן רפלקציה

- האם היו חפצים, שמנים, קמעות או שמות המעורבים בהתעברות או בלידה שלי?
- האם אני חווה התקפות רוחניות שהחלו בילדות?
- האם העברתי, מבלי דעת, בריתות ימיות לילדיי?

תפילת שחרור

אבי שבשמיים, הכרת אותי לפני שנוצרתי. היום אני מפר כל ברית נסתרת, טקס מים והקדשה דמונית שנעשו בלידי או לפני כן. אני דוחה כל טענה של רוחות ימיות, רוחות מוכרות או מזבחות רחם דורותיים. תן לדם ישוע לכתוב מחדש את סיפור הלידה שלי ואת סיפור ילדיי. נולדתי מהרוח - לא ממזבחות מים. בשם ישוע. אמן.

יום 39: טבילת מים לשעבוד - כיצד תינוקות, ראשי תיבות ובריתות בלתי נראות פותחות דלתות

"*שפכו דם נקי דם בניהם ובנותיהם אשר הקריבו לאלילי כנען, ובדמם חללה הארץ.*" - תהילים ק"ו, 38

האם מגיבורים ייקחו שלל, ומאיים יוצלו שבויים?" אבל כה אמר ה': "כן, מגיבורים ייקחו שבויים, ומאיים יושאו שלל..." - ישעיהו מ"ט, 24-25

גורלות רבים לא רק **ירדו מהפסים בבגרות** - הם **נחטפו בינקות**.

...אותו טקס מתן שם תמים לכאורה

..."אותה טבילה אגבית במי נהר "לברך את הילד

המטבע ביד... החתך מתחת ללשון... השמן מ"סבתא רוחנית"... אפילו ראשי התיבות שניתנו בלידה...

כולם עשויים להיראות תרבותיים. מסורתיים. לא מזיקים.

אבל ממלכת החושך **מסתתרת במסורת**, וילדים רבים עברו **חניכה בסתר** עוד לפני שיכלו לומר "ישו".

סיפור אמיתי - "קראו לי על שם הנהר"

בהאיטי, ילד בשם מאליק גדל עם פחד מוזר מנהרות וסערות. כפעוט, סבתו לקחה אותו לנחל כדי "להכיר לו את הרוחות" להגנה. הוא החל לשמוע קולות בגיל 7. בגיל 10 היו לו ביקורי לילה. בגיל 14 ניסה להתאבד לאחר שחש "נוכחות" תמידית לצידו.

בפגישת גאולה, השדים התבטאו באלימות וצעקו, "נכנסנו לנהר! קראו לנו בשמנו!" שמו, " מאליק", היה חלק ממסורת מתן שמות רוחנית ל"כבוד מלכת הנהר". עד ששמו שונה במשיח, העינויים נמשכו. כעת הוא משרת גאולה בקרב צעירים הלכודים בהקדשות אבות.

איך זה קורה - המלכודות הנסתרות

1.**ראשי תיבות כבריתים**

חלק מהראשי תיבות, במיוחד אלו הקשורים לשמות אבות, אלי משפחה או אלוהויות מים (למשל, "MM" = מאמי/ימית; "OL" = שושלת אויה/ אורישה), משמשים כחתימות דמוניות.

2.**טבילת תינוקות בנהרות/נחלים**
נעשית "להגנה" או "ניקוי", ולעתים קרובות מדובר **בטבילות לרוחות ימיות**.

3.- **טקסי מתן שמות סודיים**
בהם שם אחר (שם שונה משם הציבורי) נלחש או נאמר לפני מזבח או מקדש.

4.- **טקסי כתמי לידה**
שמנים, אפר או דם המונחים על מצח או גפיים כדי "לסמן" ילד לנוכחות רוחות.

5.**קבורת חבל טבור המוזנת במים**
חבלי טבור המושלכים לנהרות, נחלים או נקברים בלחשי מים - וקושרים את הילד למזבחות מים.

אם הורייך לא ביצעו בינך לבין ישו, רוב הסיכויים שמישהו אחר תבע אותך.

פרקטיקות גלובליות של קשירת רחם נסתרות

- **אפריקה** - קריאת שמות לתינוקות על שם אלים בנהר, קבורת חבלים ליד מזבחות ימיים.
- **הקריביים/אמריקה הלטינית** - טקסי טבילה בסנטריה, הקדשות בסגנון יורובה עם עשבי תיבול ופריטי נהר.
- **אסיה** - טקסים הינדיים הכוללים מי גנגס, מתן שמות מחושבים אסטרולוגית הקשורים לרוחות יסוד.
- **אירופה** - מסורות מתן שמות דרואידיות או אזוטריות הקוראות לשומרי יערות/מים.
- **צפון אמריקה** - טקסי הקדשה ילידים, ברכות תינוקות מודרניות בוויקה, טקסי מתן שמות מהעידן החדש המעוררים "מדריכים עתיקים".

איך אני יודע?

- ייסורים בלתי מוסברים בילדות מוקדמת, מחלות או "חברים דמיוניים"
- חלומות על נהרות, בתולות ים, רדיפה על ידי מים
- סלידה מכנסיות אך קסם מדברים מיסטיים
- תחושה עמוקה של "מעקב" או צפייה מלידה
- גילוי שם שני או טקס לא ידוע הקשור לינקותך

תוכנית פעולה - גאול את הינקות

1. **שאלו את רוח הקודש**: מה קרה כשנולדתי? אילו ידיים רוחניות נגעו בי?
2. **ויתרו על כל המסירות הנסתרות**, גם אם נעשו בבורות: "אני דוחה כל ברית שנכרתה בשמי שלא הייתה לאדון ישוע המשיח."
3. **לנתק קשרים לשמות אבות, ראשי תיבות ואסימונים**.
4. **השתמשו בישעיהו מ"ט:24-26, קולוסים ב':14 וקורינתים ב' ה':17** כדי להצהיר על זהותכם במשיח.
5. במידת הצורך, **ערכו טקס הקדשה מחדש** - הציגו את עצמכם (או את ילדיכם) לאלוהים מחדש, והכריזו על שמות חדשים אם יובילו לכך.

בקשת קבוצה

- הזמינו את המשתתפים לחקור את סיפור שמם.
- צרו מרחב לשינוי שם רוחני אם יובלו - אפשרו לאנשים לתבוע שמות כמו "דוד", "אסתר" או זהויות המונחיות על ידי הרוח.
- הובילו את הקבוצה בטבילה *מחדש סמלית* של הקדשה - לא טבילה במים, אלא משיחה וברית מבוססת-מילה עם ישוע.
- בקשו מהורים לשבור בריתות על ילדיהם בתפילה: "אתם שייכים לישוע - שום רוח, נהר או קשר אבותי אינם בעלי בסיס חוקי."

תובנה מרכזית

ההתחלה שלך חשובה. אבל היא לא חייבת להגדיר את הסוף שלך. כל תביעה על נהר יכולה להישבר על ידי נהר דמו של ישוע.

יומן רפלקציה

- אילו שמות או ראשי תיבות נתנו לי, ומה משמעותם?
- האם היו טקסים סודיים או תרבותיים שנערכו בלידתי שעליי לוותר עליהם?
- האם באמת הקדשתי את חיי - את גופי, נשמתי, שמי וזהותי - לאדון ישוע המשיח?

תפילת גאולה

אלוהים אדירים, אני בא לפניך בשם ישוע. אני מוותר על כל ברית, הקדשה וטקס שנעשו בלידתי. אני דוחה כל מתן שם, חניכה במים ותביעה לאבות קדמונים. בין אם באמצעות ראשי תיבות, מתן שם או מזבחות נסתרים - אני מבטל כל זכות דמונית לחיי. אני מצהיר כעת שאני שלך לחלוטין. שמי כתוב בספר החיים. עברי מכוסה בדם ישוע, וזהותי חתומה על ידי רוח הקודש. אמן.

יום 40: מהמוביל למוביל - הכאב שלך הוא המינוי שלך

א"ך העם אשר ידע את אלוהיו יהיה חזק ויעשו מעללים." - דניאל י"א 32

"ויקם יהוה שופטים ויושיעו אותם מיד הפושטים האלה." - שופטים ב' 16

לא שוחררת כדי לשבת בשקט בכנסייה.

לא שוחררת רק כדי לשרוד. שוחררת **כדי להציל אחרים**.

אותו ישוע שריפא את המושתל במרקוס ה' שלח אותו בחזרה לדקאפוליס כדי לספר את הסיפור. לא סמינר. לא הסמכה. רק **עדות בוערת** ופה עולה באש.

אתה הגבר הזה. האישה הזאת. המשפחה הזאת. האומה הזאת.

הכאב שסבלת הוא כעת הנשק שלך.

העינוי שממנו נמלטת הוא החצוצרה שלך. מה שהחזיק אותך בחושך הופך כעת **לבמת שליטתך.**

סיפור אמיתי - מכלה ימית לשרת גאולה

רבקה, מקמרון, הייתה כלה לשעבר של רוח ימית. היא נחנכה בגיל 8 במהלך טקס מתן שם לחוף. בגיל 16 היא קיימה יחסי מין בחלומותיה, שלטה בגברים בעזרת עיניה, וגרמה לגירושים רבים באמצעות כישוף. היא נודעה כ"קללה היפה".

כשהיא נתקלה בבשורה באוניברסיטה, השדים שלה השתגעו. נדרשו לה שישה חודשים של צום, גאולה ותלמידות עמוקה לפני שהייתה חופשייה.

כיום, היא מקיימת כנסי גאולה לנשים ברחבי אפריקה. אלפים שוחררו בזכות ציותה.

מה היה קורה אילו היא הייתה שותקת?

עלייתו האפוסטולית - נולדים מגישים עולמיים

- **באפריקה**, מכשפים לשעבר שותלים כיום כנסיות.
- **באסיה**, בודהיסטים לשעבר מטיפים למשיח בבתים סודיים.
- **באמריקה הלטינית**, כמרים לשעבר של סנטריה שוברים כיום מזבחות.
- **באירופה**, אנשי דת לשעבר מובילים לימודי תנ"ך פרשניים מקוונים.
- **בצפון אמריקה**, ניצולי הונאות של העידן החדש מובילים מפגשי זום

שבועיים בנושא גאולה.

הם **הבלתי צפויים**, השבורים, עבדי החושך לשעבר, צועדים כעת באור - **ואתה אחד מהם**.

תוכנית פעולה סופית - היכנסו לשיחה שלכם

1. **כתבו את העדות שלכם** - גם אם אתם מרגישים שהיא לא דרמטית. מישהו צריך את סיפור החופש שלכם.
2. **התחילו בקטן** - התפללו עבור חבר. ערכו שיעור תנ"ך. שתפו את תהליך הגאולה שלכם.
3. **לעולם אל תפסיקו ללמוד** - המספקים נשארים בדבר, נשארים חוזרים בתשובה ונשארים חדים.
4. **כסו את משפחתכם** - הצהירו מדי יום שהחושך עוצר אתכם ואת ילדיכם.
5. **הכריזו על אזורי מלחמה רוחניים** - מקום העבודה שלכם, הבית שלכם, הרחוב שלכם. היו שומרי הסף.

הזמנת קבוצה
היום זה לא רק טקס תפילה - זה **טקס הסמכה**.

• משחו זה את ראשי זה בשמן ואמרו:

"ניצלת להציל. קום, שופט אלוהים."

• הכריזו בקול רם כקבוצה:

"אנחנו כבר לא ניצולים. אנחנו לוחמים. אנחנו נושאים אור, והחושך רועד."

• מינו זוגות תפילה או שותפים לאחריותיות כדי להמשיך ולגדול באומץ ובהשפעה.

תובנה מרכזית
הנקמה הגדולה ביותר נגד ממלכת החושך אינה רק חירות. זוהי ריבוי.

יומן רפלקציה סופי

- מה היה הרגע שבו ידעתי שעברתי מהחושך אל האור?
- מי צריך לשמוע את הסיפור שלי?
- היכן אוכל להתחיל להאיר אור באופן מכוון השבוע?
- האם אני מוכן שילעגו לי, שיבלו אותי ויתנגדו לי - למען שחרור אחרים?

תפילת הזמנה

אבא אלוהים, אני מודה לך על 40 ימים של אש, חופש ואמת. לא הצלת אותי רק כדי להגן עליי - חילצת אותי כדי להציל אחרים. היום אני מקבל את הגלימה הזו. עדותי היא חרב. צלקותיי הן כלי נשק. תפילותיי הן פטישים. ציותי הוא עבודת קודש. אני צועד כעת בשם ישוע - כמצית אש , גואל, נושא אור. אני שלך. לחושך אין מקום בי, ואין מקום סביבי. אני תופס את מקומי. בשם ישוע. אמן.

הכרזה יומית של גאולה ושלטון ב-360° - חלק 1

"כל כלי אשר ייוצר עליך לא יצליח, וכל לשון אשר תקום עליך במשפט תרשיע. זאת נחלת עבדי ה'..." - ישעיהו נ"ד, 17

היום ובכל יום, אני תופס את מלוא עמדי במשיח - רוח, נשמה וגוף.

אני סוגר כל דלת - ידועה ולא ידועה - לממלכת החושך.

אני שובר כל קשר, חוזה, ברית או התייחדות עם מזבחות רעים, רוחות אבות, בני זוג רוחניים, חברות נסתרות, כישוף ובריתות דמוניות - בדם ישוע!

אני מצהיר/ה שאני לא למכירה. אני לא נגיש/ה. אני לא ניתן לגיוס. אני לא חניכה מחדש.

כל קריאה שטנית, מעקב רוחני או זימון רע - יפוזרו באש, בשם ישוע!

אני נקשר לרוחו של ישו, לרצון האב ולקול רוח הקודש.

אני הולך באור, באמת, בכוח, בטוהר ובמטרה.

סגרתי כל עין שלישית, שער נפשי ופורטל טמא שנפתחו דרך חלומות, טראומה, מין, טקסים, תקשורת או תורות שווא.

תן לאש האל לצרוך כל הפקדה בלתי חוקית בנשמתי, בשם ישוע.

אני מדבר אל האוויר, היבשה, הים, הכוכבים והשמים - אתם לא תעבדו נגדי.

כל מזבח נסתר, סוכן, צופה או שד לוחש שהוקצה נגד חיי, משפחתי, ייעודי או טריטוריה שלי - יפורקו מנשקם ויושתקו על ידי דמו של ישוע!

אני טובל את דעתי בדבר אלוהים.

אני מצהיר שחלומותיי מקודשים. מחשבותיי מוגנות. שנתי קדושה. גופי הוא מקדש אש.

מרגע זה ואילך, אני צועד בגאולה של 360 מעלות - שום דבר לא מוסתר, שום דבר לא מוחמצ.

כל שעבוד מתמשך נשבר. כל עול דור מתנפץ. כל חטא שלא התחרטתי עליו נחשף ומטוהר.

אני מצהיר:

- **לחושך אין שליטה עליי.**
- **הבית שלי הוא אזור אש.**

- שערי חתומים בתהילה.
- אני חי בציות והולך בכוח.

אני קם כמושיע לדורי.
לא אביט לאחור. לא אחזור. אני אור. אני אש. אני חופשי. בשם ישוע הגדול. אמן!

הכרזה יומית של גאולה ושלטון ב-°360 - חלק 2

ה**גנה** מפני כישוף, כישוף, נקרומנסרים, מדיומים וערוצים דמוניים
גאולה עבור עצמך ועבור אחרים תחת השפעתם או שעבודם
ניקוי וכיסוי באמצעות דמו של ישוע
שחזור של שלמות, זהות וחירות במשיח

הגנה וחופש מכישוף, מדיומים, אוב-מנסרים וכבדות רוחניות
(דרך דם ישוע ודבר עדותנו)
"...והם ניצחו אותו בדם השה ובדבר עדותם"
- התגלות י"ב 11
"יְהוָה... יסכל אותות נביאי שקר, וְהַעֲלִיצִים לְנִסְתִּים... יְקִיֵּם דְּבַר עַבְדּוֹ, וְעֲצַת מַלְאָכָיו יְקַיֵּם."
- ישעיהו מ"ד:25-26
"...רוח ה' עליי... להכריז חירות לאסירים ושחרור לאסירים"
- לוקס ד' 18

תפילת פתיחה:

אבא אלוהים, אני בא היום באומץ לב בזכות דמו של ישוע. אני מכיר בכוח שבשמך ומכריז שאתה לבדך מושיע ומגן עליי. אני עומד כעבדך וכעדך, ואני מכריז על דברך באומץ לב ובסמכות היום.

הצהרות הגנה וגאולה

1. גאולה מכישוף, מדיומים, אוב-מנסרים והשפעה רוחנית:

- אני **שובר ומתנער** מכל קללה, כישוף, ניחוש, קסם, מניפולציה, ניטור, הקרנה אסטרלית או קשר נשמה - שנאמר או בוצע - באמצעות כישוף, נקרומנסיה, מדיומים או ערוצים רוחניים.
- אני **מצהיר** שדמו **של ישוע** הוא נגד כל רוח טמאה המבקשת לכבול, להסיח את דעתה, לרמות או לתמרן אותי או את משפחתי.

- אני מצווה על **כל התערבות רוחנית, דיכוי, או שעבוד נשמה** להישבר כעת על ידי הסמכות בשם ישוע המשיח.
- אני מדבר על **גאולה** עבורי ועבור כל אדם, ביודעין או שלא ביודעין, **תחת השפעת כישוף או אור כוזב**. צאו עכשיו! היו חופשיים, בשם ישוע!
- אני קורא לאש האל **לשרוף כל עול רוחני, חוזה שטני ומזבח** שהוקם ברוח כדי לשעבד או ללכוד את גורלנו.

"אין כישוף ביעקב, אין ניחוש בישראל." - במדבר כ"ג, כ"ג

2. ניקוי והגנה על עצמי, ילדים ומשפחה:

- אני מתחנן לדם ישוע על **נפשי, רוחי, גופי, רגשותיי, משפחתי, ילדיי ועבודתי**.
- אני מצהיר: אני וביתי **חתומים על ידי רוח הקודש ונסתרים עם המשיח באלוהים**.
- כל נשק שייווצר נגדנו לא יצליח. כל לשון שתדבר רעה נגדנו **תשפט ותשתתק** בשם ישוע.
- אני מתכחש ומגרש כל **רוח של פחד, ייסורים, בלבול, פיתוי או שליטה**.

"אני ה', מכשיל אותות שקרנים..." - ישעיהו מ"ד, 25

3. שיקום זהות, מטרה ותודעה בריאה:

- אני תובע בחזרה כל חלק בנשמתי ובזהותי שנסחר, **נלכד או נגנב** באמצעות הטעיה או פשרה רוחנית.
- אני מצהיר: יש לי את **דעתו של ישו**, ואני הולך בבהירות, חוכמה וסמכות.
- אני מצהיר: ניצלתי **מכל קללת דור וכישוף ביתי**, ואני הולך בברית עם ה'.

"לא נתן לי אלוהים רוח של פחד, כי אם של כוח, אהבה ודעת שקולה." - טימותיאוס ב' א':7

4. כיסוי יומיומי וניצחון במשיח:

- אני מצהיר: היום, אני צועד **בהגנה אלוהית, בתבונה ובשלום**.
- דמו של ישוע מדבר **דברים טובים יותר** עבורי - הגנה, ריפוי, סמכות וחופש.
- כל משימה רעה שנקבעה ליום הזה מתבטלת. אני צועד בניצחון ובמנצח

במשיח ישוע.

"אלף יפלו לצידי ורבבות לימיני, ולא יגשו אלי..." - *תהילים צ"א, ז'*

הצהרה ועדות סופית:

"אני מתגבר על כל צורה של חושך, כישוף, נקרומנסיה, כישוף, מניפולציה על-טבעית, שיבוש נשמות והעברה רוחנית רעה - לא בכוחי אלא **בדם ישוע ודבר עדותי**."

"אני מכריז: **ניצלתי. ביתי ניצל.** כל עול נסתר נשבר. כל מלכודת נחשפת. כל אור שקר כבה. אני הולך בחירות. אני הולך באמת. אני הולך בכוח רוח הקודש."

"יְהוָה יִקָּשׁוּ דְּבַר עַבְדּוֹ וַעֲצַת מַלְאָכוֹ יַעֲשׂוֹת כֵּן יִהְיֶה הַיּוֹם וְכָל יוֹם מֵאַתָּה."

בשם ישוע הגדול, **אמן.**

הפניות לכתבי הקודש:

- ישעיהו מ"ד: 24-26
- התגלות י"ב:י"א
- ישעיהו נד:יז
- תהילים צ"א
- במדבר כג:כג
- לוקס ד':18
- אפסים ו':10–18
- קולוסים ג':3
- טימותיאוס ב' א':7

הכרזה יומית של גאולה ושלטון ב-360° - חלק 3

"ה' *איש מלחמה, ה' שמו."* - שמות טו, ג'

"וְגָבְעוּ אֹתוֹ בְּדַם הַשֶּׂה וּבִדְבַר עֵדוּתָם..." - התגלות יב, יא'

היום אני קם ותופס את מקומי במשיח - יושב במקומות שמימיים, הרבה מעל כל השררות, הכוחות, הכסאות, הממלכות וכל שם אשר נקרא בו.

אני מתנער/ת

אני מתנער מכל ברית, שבועה או חניכה, ידועים ובלתי ידועים:

- הבונים החופשיים (מדרגות 1 עד 33)
- קבלה ומיסטיקה יהודית
- כוכב המזרח והרוזנצרויצרים
- מסדרים ישועיים ואילומינטי
- אחוות שטניות וכתות לוציפריאניות
- רוחות ימיות ובריתות תת-ימיות
- נחשי קונדליני, יישור צ'אקרות והפעלות עין שלישית
- הטעיה של העידן החדש, רייקי, יוגה נוצרית ומסעות אסטרליים
- כישוף, כישוף, נקרומנסיה וחוזים אסטרליים
- קשרי נשמה נסתרים ממין, טקסים ובריתות סודיות
- שבועות הבונים החופשיים על שושלתי ועל כהונותי הקדמונים

אני מנתק כל חבל טבור רוחני כדי:

- מזבחות דם עתיקים
- אש נבואית כוזבת
- בני זוג רוחניים ופולשים לחלומות
- גיאומטריה קדושה, קודי אור ודוקטרינות חוק אוניברסליות
- משיחי שקר , רוחות מוכרות ורוחות קודש מזויפות

יהי דמו של ישוע מדבר בשמי. יהי כל חוזה קרוע. יהי כל מזבח מנפץ. יהי כל זהות דמונית נמחקת - עכשיו!

אני מצהיר

אני מצהיר:

- גופי הוא מקדש חי של רוח הקודש.
- דעתי נשמרת על ידי קסדת הישועה.
- נשמתי מקודשת מדי יום על ידי רחיצת הדבר.
- דמי מתנקה על ידי גולגולתא.
- חלומותיי חתומים באור.
- שמי כתוב בספר החיים של השה - לא בשום רישום נסתר, לשכה, יומן, מגילה או חותם!

אני מצווה

אני מצווה:

- כל סוכן של חושך - צופים, מנטרים, מקרנים אסטרליים - יתעוור ויתפזר.
- כל קשר לעולם התחתון, לעולם הימי ולמישור האסטרלי - יישבר!
- כל סימן אפל, שתל, פצע פולחני או כתיב רוחני - יטוהר באש!
- כל רוח מוכרת לוחשת שקרים - תושתק עכשיו!

אני מתנתק

אני מתנתק מ:

- כל צירי הזמן הדמוניים, בתי כלא לנשמות וכלובי רוחות
- כל הדירוגים והתארים של חברות סודיות
- כל גלימות, כסאות או כתרים מזויפים שחבשתי
- כל זהות שלא נוצרה על ידי אלוהים
- כל ברית, חברות או מערכת יחסים המועצמת על ידי מערכות אפלות

אני מקים

אני קובע:

- חומת אש של תהילה סביבי ובית ביתי
- מלאכים קדושים בכל שער, פורטל, חלון ונתיב
- טוהר במדיה, במוזיקה, בזיכרונות ובמוח שלי

- אמת בחברויות שלי, בשירות שלי, בנישואין שלי ובמשימה שלי
- קשר בלתי פוסק עם רוח הקודש

אני מגיש
- אני נכנע לחלוטין לישוע המשיח
השה אשר נשחט, המלך השולט, האריה השואג.

אני בוחר באור. אני בוחר באמת. אני בוחר בציות.
אני לא שייך לממלכות האופל של העולם הזה.
אני שייך למלכות אלוהינו ולמשיחו.

אני מזהיר את האויב
בהצהרה זו אני מוציא הודעה ל:

- כל נסיכות בכירה
- כל רוח שולטת על ערים, שושלות ואומות
- כל נוסע אסטרלי, מכשפה, מכשף או כוכב שנפל...

אני רכוש טמא.
שמי אינו נמצא בארכיונך. נשמתי אינה למכירה. חלומותיי תחת פיקודה. גופי אינו מקדשך. עתידי אינו מגרש המשחקים שלך. לא אחזור לעבדות. לא אחזור על מחזורי אבות. לא אשא אש זרה. לא אהיה מקום מנוחה לנחשים.

אני חותם
אני חותם הצהרה זו ב:

- דמו של ישוע
- אש רוח הקודש
- סמכותו של הדבר
- אחדות גוף המשיח
- צליל העדות שלי

בשם ישוע, אמן ואמן

סיכום: מהישרדות לבנים - להישאר חופשיים, לחיות חופשיים, לשחרר אחרים

ע"מדו איתנים בחירות אשר בה שחרר אותנו המשיח, ואל תילכדו שוב בעול עבדות." - גלטים ה', א

"הוא הוציאם מחושך ומצל מוות, ושבר את כבלותיהם." - תהילים ק"ז, יד"

40 הימים הללו מעולם לא עסקו רק בידע. הם עסקו **במלחמה** , **בהתעוררות** ובהליכה **בשלטון** .

ראיתם כיצד פועלת ממלכת האופל - בעדינות, באופן דורי, לפעמים בגלוי. טיילתם דרך שערי אבות, ממלכות חלומות, בריתות נסתרות, טקסים גלובליים ועינויים רוחניים. נתקלתם בעדויות של כאב בלתי נתפס - אך גם **בגאולה רדיקלית** . שברתם מזבחות, התכחשתם לשקרים, והתעמתתם עם דברים שרבים מהדוכנים חוששים מדי לנקוב בשמם.

אבל זה לא הסוף.

עכשיו מתחיל המסע האמיתי: **שמירה על חירותכם. חיים ברוח. לימוד אחרים את הדרך החוצה.**

קל לעבור 40 יום של אש ולחזור למצרים. קל להרוס מזבחות רק כדי לבנות אותם מחדש מתוך בדידות, תאווה או עייפות רוחנית.

אל תעשה זאת.

אתה כבר לא **עבד של מחזורים** . אתה **שומר** על החומה. **שומר סף** למשפחתך. **לוחם** לעירך. **קול** לגויים.

---

7 **האשמות אחרונות לאלו שילכו בשלטון**

1..**שמרו על שערכם**

אל תפתחו מחדש דלתות רוחניות באמצעות פשרה, מרד, מערכות יחסים או סקרנות.

"אל תתנו מקום לשטן." - אפסים ד':27

2..**משמע את התיאבון שלך**

צום צריך להיות חלק מהקצב החודשי שלך. זה מיישר מחדש את הנשמה

ושומר על הבשר שלך כפוף.
3. התחייבו לטוהר
רגשי, מיני, מילולי, חזותי. טומאה היא השער מספר אחת בו משתמשים שדים כדי לזחול חזרה פנימה.

4. שלטו בדבר
. כתבי הקודש אינם אופציונליים. הם חרבכם, מגנכם ולחם חוקכם. "*דבר המשיח ישכון בכם בשפע...*" (קולוסים ג':16)

5. מצא את השבט שלך
גאולה מעולם לא נועדה להיעשות לבד. בנה, שרת ורפא בקהילה מלאת רוח.

6. .חבקו את הסבל
כן - סבל. לא כל ייסורים הם שטניים. חלקם מקדשים. לכו דרכם. התהילה לפניכם.
"*לאחר שתסבלו מעט... הוא יחזק, יכין אתכם ויבסס אתכם.*" - פטרוס א' ה' 10

7. למדו אחרים
בחינם את מה שקיבלתם - עכשיו תנו בחינם. עזרו לאחרים לקבל חופש. התחילו בביתכם, במעגל שלכם, בכנסייה שלכם.

מהמסירה לתלמיד
תפילה זו היא זעקה עולמית - לא רק לריפוי, אלא לצבא שיתקומם.
הגיע **הזמן לרועים** שיוכלו להריח מלחמה.
הגיע **הזמן לנביאים** שלא יירתעו מנחשים.
הגיע **הזמן לאמהות ולאבות** שיפרו בריתות דורות ובנו מזבחות של אמת.
הגיע **הזמן שאומות** יוזהרו, ושהכנסייה לא תשתוק עוד.

אתה ההבדל
לאן אתה הולך מכאן חשוב. מה שאתה נושא חשוב. החושך שממנו נמשכת הוא בדיוק הטריטוריה שיש לך עכשיו סמכות עליה.
גאולה הייתה זכותך מלידה. שליטה היא גלימתך.
עכשיו תלכו בו.

תפילה אחרונה
אדון ישוע, תודה לך שהלכת איתי ב-40 הימים האלה. תודה לך שחשפת את החושך, שברת את השלשלאות וקראת לי למקום גבוה יותר. אני מסרב לחזור אחורה. אני מפר כל הסכם בפחד, ספק וכישלון. אני מקבל את משימת המלכות שלי באומץ לב. השתמש בי כדי לשחרר אחרים. מלא אותי ברוח הקודש מדי

יום. תן לחיי להפוך לנשק של אור - במשפחתי, בעמי, בגוף המשיח. לא אשתוק. לא אובס. לא אוותר. אני הולך מחושך לשליטה. לנצח. בשם ישוע. אמן.

איך להיוולד מחדש ולהתחיל חיים חדשים עם ישו

אולי כבר הלכת עם ישוע בעבר, או אולי רק עכשיו פגשת אותו במהלך 40 הימים האלה. אבל עכשיו, משהו בתוכך מתעורר.

אתה מוכן ליותר מדת.

אתה מוכן למערכת **יחסים**.

אתה מוכן לומר, "ישו, אני צריך אותך".

הנה האמת:

כי כולם חטאו; כולנו חסרים את רמת הכבוד של אלוהים... אך אלוהים, בחסדו, מצדיק אותנו בחסד."

- רומים ג': 23-24 (NLT) -

אינך יכול לזכות בגאולה.

אינך יכול לתקן את עצמך. אבל ישוע כבר שילם את מלוא המחיר - והוא מחכה לקבל את פניך הביתה.

איך להיוולד מחדש

לידה מחדש פירושה למסור את חייך לישוע - לקבל את סליחתו, להאמין שהוא מת וקם לתחייה, ולקבל אותו כאדון ומושיעך.

זה פשוט. זה עוצמתי. זה משנה הכל.

התפללו בקול רם:

"אדון ישוע, אני מאמין שאתה בן האלוהים.

אני מאמין שמתת עבור חטאיי וקמת לתחייה.

אני מודה שחטאתי ואני זקוק לסליחתך.

היום, אני מתחרט וחוזר מדרכי הישנות.

אני מזמין אותך לחיי להיות אדוני ומושיע.

רחץ אותי טהור. מלא אותי ברוחך.

אני מצהיר שנולדתי מחדש, נסלח לי וחופשי.

- מהיום הזה ואילך, אלך אחריך
ואחיה בעקבותיך.
תודה לך שהצלת אותי. בשם ישוע, אמן."

הצעדים הבאים לאחר הגאולה

1. **ספר למישהו** - שתפו את ההחלטה שלכם עם אדם מאמין שאתם סומכים עליו.
2. **מצאו כנסייה המבוססת על התנ"ך** – הצטרפו לקהילה שמלמדת את דבר אלוהים וחיה אותו. בקרו במשרדי God's Eagle באינטרנט דרך https://www.otakada.org[1] או https://chat.whatsapp.com/H67spSun32DDTma8TLh0ov
3. **להיטבל** – קחו את הצעד הבא כדי להצהיר על אמונתכם בפומבי.
4. **קראו את התנ"ך מדי יום** - התחילו עם הבשורה על פי יוחנן.
5. **התפללו כל יום** - דברו עם אלוהים כחבר וכאבא.
6. **הישארו מחוברים** – הקיפו את עצמכם באנשים שמעודדים את ההליכה החדשה שלכם.
7. **התחל תהליך של תלמידות בתוך הקהילה** - פתח מערכת יחסים אישית עם ישוע המשיח דרך קישורים אלה

40 יום של תלמידות 1 - https://www.otakada.org/get-free-40-days-online-discipleship-course-in-a-journey-with-jesus/

40 תלמידות 2 - https://www.otakada.org/get-free-40-days-dna-of-discipleship-journey-with-jesus-series-2/

---

1. https://www.otakada.org

רגע הגאולה שלי

אריך : ______________________

חתימה : ______________________ **ת**

"אם מישהו נמצא במשיח, הוא בריאה חדשה; הישן חלף, החדש בא!"

- קורינתים ב' ה':17

תעודת חיים חדשים במשיח

הצהרת הישועה - נולד מחדש בחסד

ה מאשר כי

ז

____

(שם מלא)

הצהיר בפומבי על **אמונה בישוע המשיח**

כאדון ומושיע וקיבל את מתנת הישועה בחינם באמצעות מותו ותחייתו.

"אם תצהיר בגלוי שישוע הוא האדון ותאמין בלבבך שאלוהים הקים אותו מן המתים, תיוושע."

- רומים י':9 - (NLT)

ביום הזה, השמיים שמחים ומתחיל מסע חדש.

תאריך ההחלטה : ______________________________

חתימה : ____________________________________

הצהרת הישועה

"היום, אני מוסר את חיי לישוע המשיח.

אני מאמין שהוא מת עבור חטאיי וקם לתחייה. אני מקבל אותו כאדון ומושיע. נסלח לי, נולדתי מחדש והתחדשתי. מרגע זה ואילך, אלך בעקבותיו."

ברוכים הבאים למשפחת האל!

שמך כתוב בספר החיים של השה.

סיפורך רק מתחיל - והוא נצחי.

התחברו עם משרדי הנשר של אלוהים

- אתר אינטרנט[1]: www.otakada.org
- סדרת עושר מעבר לדאגה[2]: www.wealthbeyondworryseries.com
- דוא"ל: ambassador@otakada.org

- **תמכו בעבודה זו:**

תמכו בפרויקטים של הממלכה, במשימות ובמשאבים גלובליים בחינם באמצעות תרומות בהובלת ברית.

סרקו את קוד ה-QR לתרומה

https://tithe.ly/give?c=308311

נדיבותכם עוזרת לנו להגיע ליותר נשמות, לתרגם משאבים, לתמוך במיסיונרים ולבנות מערכות תלמידות ברחבי העולם. תודה!

Give in the Spirit of Luke 6:38

1. https://www.otakada.org
2. https://www.wealthbeyondworryseries.com

3. הצטרפו לקהילת הברית שלנו בוואטסאפ

קבל עדכונים, תוכן דתי והתחבר עם מאמינים בעלי מודעות לברית ברחבי העולם.

סרוק כדי להצטרף
https://chat.whatsapp.com/H67spSun32DDTma8TLh0ov

ספרים ומשאבים מומלצים

●*ניצל מכוח החושך* (כריכה רכה) - קנה כאן[1] | ספר אלקטרוני[2] באמזון[3]

●:ביקורות מובילות מארצות הברית
○**לקוח קינדל** : "הקריאה הנוצרית הטובה ביותר אי פעם!" (5 כוכבים)

השבח לישוע על עדות זו. התברכתי כל כך ואני ממליץ לכל אחד לקרוא את הספר הזה... כי שכר החטא הוא מוות, ומתנת האל היא חיי נצח. שלום! שלום!

---

1. https://shop.ingramspark.com/b/084?params=oeYbAkVTC5ao8PfdVdzwko7wi6IQimgJY2779NaqG4e
2. https://www.amazon.com/Delivered-Power-Darkness-AFRICAN-DELIVERED-ebook/dp/ B0CC5MM4MV
3. https://www.amazon.com/Delivered-Power-Darkness-AFRICAN-DELIVERED-ebook/dp/ B0CC5MM4MV

- **דה גסטר** : "זה ספר מעניין מאוד ומוזר למדי." (5 כוכבים)

אם מה שנאמר בספר נכון, אז אנחנו באמת מפגרים הרבה אחרי מה שהאויב מסוגל לעשות! ... חובה לכל מי שרוצה ללמוד על לוחמה רוחנית.

- **ויזה** : "אוהב את הספר הזה" (5 כוכבים)

זה פוקח עיניים... וידוי אמיתי... לאחרונה חיפשתי את זה בכל מקום כדי לקנות את זה. כל כך שמחה להשיג את זה מאמזון.

- **FrankJM** : "שונה למדי" (4 כוכבים)

הספר הזה מזכיר לי עד כמה מלחמה רוחנית אמיתית. הוא גם מזכיר לי את הסיבה ללבוש את "שריון השריון המלא של אלוהים".

- **ג'ן ג'ן** : "כל מי שרוצה ללכת לגן עדן - קרא את זה!" (5 כוכבים)

הספר הזה שינה את חיי כל כך. יחד עם עדותו של ג'ון רמירז, הוא יגרום לכם להסתכל על אמונתכם בצורה שונה. קראתי אותו 6 פעמים!

- *שטן לשעבר: בורסת ג'יימס* (כריכה רכה) - קנה כאן [4]| ספר אלקטרוני [5]באמזון[6]

---

4. https://shop.ingramspark.com/b/
084?params=I2HNGtbqJRbal8OxU3RMTApQsLLxcUCTC8zUdzDy0W1

5. https://www.amazon.com/JAMESES-Exchange-Testimony-High-Ranking-Encounters-ebook/dp/
B0DJP14JLH

6. https://www.amazon.com/JAMESES-Exchange-Testimony-High-Ranking-Encounters-ebook/dp/
B0DJP14JLH

• **עדותו של שטן לשעבר אפריקאי** - *הכומר ג'ונאס לוקונטו מפאלה (כריכה רכה)* - קנה כאן [7] | ספר אלקטרוני [8] באמזון [9]

• *מעללים גדולים יותר 14 (כריכה רכה)* - קנה כאן [10] | ספר אלקטרוני [11] באמזון [12]

---

7. https://shop.ingramspark.com/b/ 084?params=0Aj9Sze4cYoLM5OqWrD20kgknXQQqO5AZYXcWtoMqWN

8. https://www.amazon.com/TESTIMONY-African-EX-SATANIST-Pastor-Jonas-ebook/dp/ B0DJDLFKNR

9. https://www.amazon.com/TESTIMONY-African-EX-SATANIST-Pastor-Jonas-ebook/dp/ B0DJDLFKNR

10. https://shop.ingramspark.com/b/084?params=772LXinQn9nCWcgq572PDsqPjkTJmpgSqrp88b0qzKb

11. https://www.amazon.com/Greater-Exploits-MYSTERIOUS-Strategies-Countermeasures-ebook/dp/ B0CGHYPZ8V

12. https://www.amazon.com/Greater-Exploits-MYSTERIOUS-Strategies-Countermeasures-ebook/dp/ B0CGHYPZ8V

- *מתוך קלחת השטן* מאת ג'ון רמירז - זמין באמזון[13]
- *הוא בא לשחרר את השבויים* מאת רבקה בראון - ניתן למצוא באמזון[14]

ספרים נוספים שפורסמו על ידי המחבר – מעל 500 כותרים

אהוב, נבחר ושלם: מסע בן 30 יום מדחייה לשיקום **מתורגם** ל-40 שפות ברחבי העולם

https://www.amazon.com/Loved-Chosen-Whole-Rejection-Restoration-ebook/dp/B0F9VSD8WL

https://shop.ingramspark.com/b/084?params=xga0WR16muFUwCoeMUBHQ6HwYjddLGpugQHb3DVa5hE

---

13. https://www.amazon.com/Out-Devils-Cauldron-John-Ramirez/dp/0985604306

14. https://www.amazon.com/He-Came-Set-Captives-Free/dp/0883683239

Loved, Chosen and Whole
A 30-Day Journey from Rejection to Restoration

בעקבותיו - אתגר WWJD בן 40 יום:
לחיות כמו ישו בסיפורים אמיתיים מסביב לעולם

https://www.amazon.com/His-Steps-Challenge-Real-Life-Stories-ebook/dp/B0FCYTL5MG

https://shop.ingramspark.com/b/084?params=DuNTWS59IbkvSKtGFbCbEFdv3Zg0FaITUEvlK49yLzB

ישוע בפתח:
40 סיפורים קורעי לב ואזהרה אחרונה משמיים לכנסיות של היום
https://www.amazon.com/dp/B0FDX31L9F
https://shop.ingramspark.com/b/084?params=TpdA5j8WPvw83glJ12N1B3nf8LQte2a1lIEy32bHcGg

חיי ברית: 40 יום של הליכה בברכת דברים כ"ח

https://www.amazon.com/dp/B0FFJCLDB5 -

סיפורים מאנשים אמיתיים, ציות אמיתי, ואמיתי

https://shop.ingramspark.com/b/084?params=bH3pzfz1zdCOLpbs7tZYJNYgGcYfU32VMz3J3a4e2Qt

טרנספורמציה ביותר מ-20 שפות

להכיר אותה ולהכיר אותו:
40 ימים לריפוי, הבנה ואהבה מתמשכת

HTTPS://WWW.AMAZON.com/KNOWING-HER-HIM-Healing-Understanding-ebook/dp/B0FGC4V3D9 15
https://shop.ingramspark.com/b/084?params=vC6KCLoI7Nnum24BVmBtSme9i6k59p3oynaZOY4B9Rd

להשלים, לא להתחרות:
מסע בן 40 יום אל מטרה, אחדות ושיתוף פעולה

---

15. https://www.amazon.com/KNOWING-HER-HIM-Healing-Understanding-ebook/dp/B0FGC4V3D9

HTTPS://SHOP.INGRAMSPARK.com/b/
16084?params=5E4v1tHgeTqOOuEtfTYUzZDzLyXLee30cqYo0Ov9941
https://www.amazon.com/COMPLETE-NOT-COMPETE-Journey-
/Collaboration-ebook/dp/B0FGGL1XSQ

קוד בריאות אלוהי - 40 מפתחות יומיים להפעלת ריפוי באמצעות דבר אלוהים ובריאה שחררו את כוח הריפוי של צמחים, תפילה ופעולה נבואית

---

https://shop.ingramspark.com/b/084?params=5E4v1tHgeTqOOuEtfTYUzZDzLyXLee30cqYo0Ov9941 .16

https://shop.ingramspark.com/b/084?params=xkZMrYcEHnrJDhe1wuHHYixZDViiArCeJ6PbNMTbTux
https://www.amazon.com/dp/B0FHJT42TK

ניתן למצוא ספרים נוספים בדף הסופר https://www.amazon.com/stores/Ambassador-Monday-O.-Ogbe/author/B07MSBPFNX

נספח (1-6): משאבים לשמירה על חירות וגאולה עמוקה יותר

נספח 1: תפילה להבחנה בכישוף נסתר, מנהגים נסתרים או מזבחות מוזרים בכנסייה

"*בן אדם, האם אתה רואה מה הם עושים בחושך ...?*" - יחזקאל ח', 12

"*ואל תשתף פעולה עם מעשי החושך הלא פוריים, אלא חשף אותם.*" - אפסים ה', 11

תפילה להבחנה וחשיפה:

אדון ישוע, פקח את עיניי לראות את מה שאתה רואה. תן לכל אש זרה, לכל מזבח סודי, לכל פעולה נסתרת המסתתרת מאחורי דוכנים, ספסלים או מנהגים להיחשף. הסירו את המסך. גלו עבודת אלילים במסווה של פולחן, מניפולציה במסווה של נבואה, וסוטות במסווה של חסד. טהר את הקהילה המקומית שלי. אם אני חלק מקהילה שנפגעה, הוביל אותי למקום מבטחים. הקם מזבחות טהורים. ידיים נקיות. לבבות קדושים. בשם ישוע. אמן.

נספח 2: פרוטוקול ויתור וניקוי תקשורתי

״ל

א אשים רשע לנגד עיני..״ - תהילים ק"א, ג'

צעדים לניקוי חיי המדיה שלך:

1.**בדוק** הכל: סרטים, מוזיקה, משחקים, ספרים, פלטפורמות.
2.**שאלו:** האם זה מפאר את אלוהים? האם זה פותח דלתות לחושך (למשל, אימה, תאווה, כישוף, אלימות או נושאים של ניו אייג')?
3.**ויתור על** :

"אני מתנער מכל פורטל שטני שנפתח דרך מדיה לא-אלהית. אני מנתק את נשמתי מכל קשרי נשמה עם ידוענים, יוצרים, דמויות ועלילות שהועצמו על ידי האויב."

1.**מחיקה והשמדה** : הסרה פיזית ודיגיטלית של תוכן.
2.**החליפו** בחלופות אלוהיות - פולחן, תורות, עדויות, סרטים בריאים.

נספח 3: הבונים החופשיים, קבלה, קונדליני, כישוף, כתב ויתור נסתר

"אל תדברו על מעשי החושך חסרי התוחלת..." - אפסים ה' 11

אמור בקול רם:

בשם ישוע המשיח, אני מתנער מכל שבועה, טקס, סמל וחניכה לכל חברה סודית או מסדר נסתר - ביודעין או שלא ביודעין. אני דוחה כל קשר ל:

- **הבונים החופשיים** - כל הדרגות, הסמלים, שבועות הדם, הקללות ועבודת האלילים.
- **קבלה** - מיסטיקה יהודית, קריאות זוהר, קריאות עץ החיים או קסם מלאכים.
- **קונדליני** - פתיחת עין שלישית, התעוררות יוגה, אש נחש ויישור צ'אקרות.
- **כישוף וניו אייג'** – אסטרולוגיה, טארוט, קריסטלים, טקסי ירח, מסעות נשמה, רייקי, קסם לבן או שחור.
- **רוזנקרויצים , אילומינטי, גולגולת ועצמות, שבועות ישועי, מסדרים דרואידיים, שטניזם, ספיריטיזם, סנטריה, וודו, ויקה, תלמה, גנוסטיות, תעלומות מצריות, טקסים בבליים.**

אני מבטל כל ברית שנכרתה בשמי. אני מנתק את כל הקשרים בשושלת דמי, בחלומותיי, או דרך קשרי נשמה. אני מוסר את כל ישותי לאדון ישוע המשיח - רוח, נשמה וגוף. שכל שער דמוני ייסגר לצמיתות על ידי דם השה. ששמי יטהר מכל רישום אפל. אמן.

נספח 4: מדריך להפעלת שמן משחה

האם מישהו מכם סובל? שיתפלל. האם מישהו חולה מכם? יקראו לזקנים... וימשחו אותו בשמן בשם ה'." - יעקב ה':13-14

כיצד להשתמש בשמן משחה לגאולה ושליטה:

- **מצח** : חידוש התודעה.
- **אוזניים** : להבחין בקול אלוהים.
- **בטן** : ניקוי מושב הרגשות והרוח.
- **רגליים** : הליכה אל עבר ייעוד אלוהי.
- **דלתות/חלונות** : סגירת שערים רוחניים וניקוי בתים.

הצהרה בעת המשיחה:

"אני מקדש את החלל והכלי הזה בשמן רוח הקודש. לאף שד אין גישה חוקית לכאן. יהי כבוד ה' במקום הזה."

נספח 5: ויתור על העין השלישית וראייה על טבעית ממקורות נסתרים

אמור בקול רם:

"בשם ישוע המשיח, אני מוותר על כל פתיחה של העין השלישית שלי - בין אם באמצעות טראומה, יוגה, מסע אסטרלי, סמים פסיכדליים או מניפולציה רוחנית. אני מבקש ממך, אדוני, לסגור את כל הפורטלים הבלתי חוקיים ולאטום אותם בדם ישוע. אני משחרר כל חזון, תובנה או יכולת על טבעית שלא הגיעו מרוח הקודש. תן לכל צופה שטני, מקרן אסטרלי או ישות המפקחת עליי להיות עיוור וכבול בשם ישוע. אני בוחר בטוהר על פני כוח, באינטימיות על פני תובנה. אמן."

נספח 6: משאבי וידאו עם עדויות לצמיחה רוחנית

1) התחילו מ-1.5 דקות - https://www.youtube.com/watch?v=CbFRdraValc

2) https://youtu.be/b6WBHacwN0k?si=ZUPHzhDVnn1PPIEG[1]

3) https://youtu.be/XvcqdbEIO1M?si=GBlXg-cO-7f09cR[2]

4) https://youtu.be/jSm4r5oEKjE?si=1Z0CPgA33S0Mfvyt

5) https://youtu.be/B2VYQ2-5CQ8?si=9MPNQuA2f2rNtNMH

6) https://youtu.be/MxY2gJzYO-U?si=tr6EMQ6kcKyjkYRs

7) https://youtu.be/ZW0dJAsfJD8?si=Dz0b44I53W_Fz73A

8) https://youtu.be/q6_xMzsj_WA?si=ZTotYKo6Xax9nCWK

9) https://youtu.be/c2ioRBNriG8?si=JDwXwxhe3jZlej1U

10) https://youtu.be/8PqGMMtbAyo?si=UqK_S_hiyJ7rEGz1

11) https://youtu.be/rJXu4RkqvHQ?si=yaRAA_6KIxjm0eOX

12) https://youtu.be/nS_Insp7i_Y?si=ASKLVs6iYdZToLKH

13) https://youtu.be/-EU83j_eXac?si=-jG4StQOw7S0aNaL

14) https://youtu.be/_r4Jyzs2EDk?si=tldAtKOB_3-J_j_C

15) https://youtu.be/KiiUPLaV7xQ?si=I4x7aVmbgbrtXF_S

16) https://youtu.be/68m037cPEu0?si=XpuyyEzGfK1qWYRt

17) https://youtu.be/z4zlp9_aRQg?si=DR3lDYTt632E96a6

18) https://youtube.com/shorts/
H_90n-QZU5Q?si=uLPScVXm81DqU6ds

1. https://youtu.be/b6WBHAcwN0k?si=ZUPHzhDVnn1PPIEG

2. https://youtu.be/XvcqdbEIO1M?si=GBlXg-c-O-7f09cR

אזהרה אחרונה: אי אפשר לשחק עם זה

גאולה אינה בידור. זוהי מלחמה.
ויתור ללא חרטה הוא רק רעש. סקרנות אינה זהה לקריאה. יש דברים שלא מתאוששים מהם כלאחר יד.

אז חשבו את המחיר. לכו בטוהר. שמרו על שערכם.

כי שדים אינם מכבדים רעש - רק סמכות.

www.ingramcontent.com/pod-product-compliance
Lightning Source LLC
Chambersburg PA
CBHW050341010526
44119CB00049B/641